CONTRE-AMIRAL RÉVEILLÈRE

Doutes et Hypothèses

(AUTARCHIE)

Honorer Dieu,
Aimer l'humanité,
Agir en brave.
(*Triades.*)

BERGER-LEVRAULT & Cᵉ, ÉDITEURS

PARIS
5, rue des Beaux-Arts

NANCY
18, rue des Glacis

1901

Doutes et Hypothèses

OUVRAGES DU MÊME AUTEUR

CONTRE-AMIRAL RÉVEILLÈRE

Doutes

et Hypothèses

(AUTARCHIE)

Honorer Dieu,
Aimer l'humanité,
Agir en brave.

(Triades.)

BERGER-LEVRAULT & Cie, ÉDITEURS

PARIS
5, rue des Beaux-Arts

NANCY
18, rue des Glacis

1901

PRÉFACE

Brest — 12 décembre 1900 — sept heures du soir — pas de lune — pas un souffle dans l'air sec et froid. — L'atmosphère, nettoyée à fond par une série de pluies torrentielles, est d'une transparence exceptionnelle — aussi tout le ciel d'un bleu sombre, tirant sur le noir, vibre avec une vivacité inaccoutumée du scintillement des étoiles.

Au bas du cours, sur la place déserte, pas un bruit..., près d'un massif d'arbres aux feuilles persistantes, je m'arrêtai dans ce grand silence et levai instinctivement les yeux vers le firmament.

A l'est brille le ravissant écrin des Pléiades déjà hautes — le grand carré de Pégase trône presque au zénith — le Cygne, en pleine voie lactée plane déjà dans l'ouest — plus bas, l'Aigle tend ses ailes pour gagner bientôt l'horizon — mes regards s'arrêtent sur la blanche Véga, mon astre préféré. — Très machinalement, sans y attacher aucune idée, je me nomme à moi-même les principales constellations. — Mon esprit vide d'idées, inconscient, saisi par le stupéfiant infini, se perd dans le vague immense — étais-je physiquement hypnotisé par tous ces points brillants? pourquoi pas? — Étais-je mentalement ébloui par les splendeurs de cet écrasant univers? Je ñe sais — j'étais plongé dans un état voisin, j'imagine, de l'extase du yogui; mon moi comme évaporé, dilaté à l'infini, s'était atténué jusqu'au non-être.

Je fus rappelé à la réalité par une apparition. Sortant de l'ombre des arbres au feuillage d'hiver, un personnage fantomatique, tant sa marche était silencieuse, s'avança vers moi d'une allure hésitante. En approchant, le fantôme prit une forme distincte, je pus même à peu près deviner son visage. C'était une pierreuse, à peine vêtue, par ce froid, de lambeaux sordides, odieusement souillée par tous les stigmates de la plus basse dégradation.

Sournoisement elle s'approcha assez de moi pour reconnaître que je ne lui offrais aucune chance d'exercer son industrie. Sa reconnaissance faite, elle tourna brusquement les talons et rentra dans l'ombre d'un pas furtif.

Je lui aurais cependant donné de bon cœur.

Mon Dieu! mon Dieu, que vous êtes grand, mais que l'humanité est malheureuse!

————◄►►◄►————

Le Non-Moi est le miroir dans lequel le Moi se contemple et prend conscience de son existence par cette contemplation. — Dieu est la lumière sans laquelle tout retombe dans l'obscurité.

(Réveillère.)

DOUTES ET HYPOTHÈSES

———◆◆◆———

Mon cher Ami,

Je viens de relire les *Mystères des Bardes*, c'est
du Darwinisme religieux. Si Darwin se fût donné
la peine de confectionner une religion, c'eût été
celle-là. Elle est vraiment bien extraordinaire, l'analogie de ces antiques croyances avec les plus nouvelles données de la science.

Vous m'écrivez : « Vous avez abandonné le phénoménisme pour adopter la théorie hindoue, cel-
tique et germanique, qui réduit le monde à n'être
qu'une apparence sans réalité, bref une illusion. »
Pas du tout.

J'accepte le phénoménisme avec le sens commun,
la pratique universelle et la science; sans une foi
absolue dans le phénoménisme, on ne peut ni agir
avec discernement ni prévoir — ce qui ne m'em-
pêche pas d'admettre avec le kantisme que nous ne
connaissons que des apparences.

Toute apparence suppose quelque chose qui apparaît — qui apparaît à l'être qui sent ce qui lui apparaît.

Vous affirmez que le phénoménisme et la théorie du noumène sont inconciliables.

C'est bien possible.

Vous m'accusez d'illogisme..., c'est le cadet de mes soucis. S'il est une chose dont je suis convaincu, c'est l'impuissance de l'homme à rester logique ; je le vois invariablement tomber dans l'absurde, quand il veut être logique jusqu'au bout.

Tous les hommes, à un moment donné, reculent devant la logique. Vous me parlez des Hindous ; en voilà qui accumulent dans leur cervelle, sans broncher, les contradictions les plus formidables ! Ce ne sont pas les penseurs qui manquent à l'Inde cependant.

C'est ma conviction que tout se tient dans l'univers.

Notre seule certitude (très récemment acquise), c'est l'infinitésimale infimité de notre être et du monde terrestre dans l'univers.

Nous connaissons bien mal notre Terre et pas du tout nous-mêmes.

Or, pour être logiques, il nous faudrait connaître le Tout.

Nous sommes condamnés au relatif.

Avec Auguste Comte, je crois au phénoménisme — avec Kant et les *Mystères des Bardes,* je crois au nouménisme — et je me contente d'avouer qu'entre les deux il existe un abîme infranchissable pour ma pauvre intelligence.

*
**

Des âmes cannibales ! cela semble au noir du Benin la chose du monde la plus naturelle.

Les âmes des morts mangent, puisque les vivants mangent..., manger est le caractère de l'existence. Ces noirs diraient comme Descartes : Je mange, donc je suis.

Voilà un raisonnement aussi irréfutable pour eux que pour nous le théorème du carré de l'hypoténuse.

Le primitif est bien le même bimane que le civilisé, mais, entre leurs mentalités, quel abîme !

*
**

L'antique Orient adore, dans ses multiples incarnations, la substance infinie.

*
**

Dieu, dit l'Évangile, ne refuse jamais les vrais biens à qui les lui demande..., mais qui se soucie des vrais biens ?

*
**

Plus j'avance dans la vie et mieux je sens combien peu l'instruction établit la vraie supériorité.

Ce qui classe les hommes, ce n'est pas l'instruction, c'est le caractère.

*
*

Rien de communicable comme une forte conviction donnant l'exemple de l'accord entre la pensée et la conduite. Aussi ai-je été singulièrement frappé par ces paroles d'un bouddhiste français : « Je suis convaincu que pas un cheveu de notre tête ne tombe que nous ne l'ayons mérité. » Dans la bouche d'un heureux, cette affirmation banale aurait été pour moi sans valeur ; mais c'était un souffrant, dans toute l'acception du mot, qui parlait ainsi, et sa sincérité était si évidente qu'en l'écoutant je ne doutais pas de la vérité de sa parole.

*
*

Ce monde n'est ni un cabaret où l'on boit, ni un salon où l'on cause ; c'est une arène où on lutte.

*
*

On trouve pas mal de braves gens ayant l'horreur du mensonge ; mais combien, incapables de mentir aux autres, se mentent à eux-mêmes — c'est un moyen indirect et honnête de tromper autrui.

*
* *

Le but de la vie n'est pas le bonheur, c'est un fait trop clair; que peut-il être, sinon le développement de notre être ?

*
* *

Un jour viendra — espérons-le du moins — où le plus grand, parmi les hommes, sera celui qui aura rendu le plus de services à l'humanité.

*
* *

L'ignorance est un mal; quand elle s'unit à l'esprit, elle devient un fléau.

L'ignorant spirituel, d'ordinaire, est méchant — son ignorance lui pèse, il est jaloux de ceux qui savent. De là, sa tendance à faire briller son esprit aux dépens de ceux qu'il envie.

Les bonnes causes ont la prétention de se défendre toutes seules; l'emploi naturel de l'esprit est la défense des mauvaises causes par le ridicule et la raillerie, déversés sur les adversaires.

Quand on lit certains journaux très répandus, on est aussi étonné de la prodigieuse dépense d'es-

prit que de la prodigieuse ignorance des gens qui
les rédigent.

Quand l'esprit s'unit à la science et au bon sens,
il devient le génie de Voltaire.

Nous n'avons, pour la plupart, qu'une somme
très limitée de qualités ; rarement l'esprit marche
avec le bon sens.

Tout compte fait, bien des gens d'esprit sont de
parfaits imbéciles.

*
**

C'est dans la conscience de notre personnalité
que nous puisons le sentiment du droit de disposer
de nous-mêmes.

*
**

Nous nous donnons très volontiers la comédie à
nous-mêmes.

L'homme est essentiellement poseur — c'est frappant chez le sauvage — mais c'est devant lui-même
qu'il pose le plus volontiers.

La pose est un insupportable défaut, elle n'en
est pas moins une des sources du respect de soi.

*
**

Aime la vie comme moyen d'être utile aux autres.

*
**

L'autarchie morale est la conscience invincible d'avoir en soi la norme de sa vie ; elle est le fondement du respect de soi et la raison de la dignité humaine.

*
* *

Le repos apparent, dans l'univers physique, n'est que la tension équilibrée de forces antagonistes, il en est de même dans le monde moral.

La vie normale est un équilibre résultant de l'antagonisme entre nos instincts animaux et nos aspirations vers le divin. Nous devons soigner notre bête comme l'Arabe soigne son cheval. Ne développons pas la bête aux dépens de l'intellect, mais n'oublions pas non plus que notre bête est l'instrument nécessaire de nos communications avec l'humanité et l'indispensable outil pour lui être utile.

Rien de plus immoral en somme que la vie de certains ascètes, comme celle de ce Pierre le Galate qui s'enferma dans un tombeau ayant la forme d'une tour sans ouverture.

Pour communiquer avec lui, il fallait se servir d'une échelle (il n'avait cependant pas un corps glorieux).

Dégrader notre corps est un crime, il appartient à l'humanité.

*
* *

Il n'y a aucun antagonisme entre le Droit et l'intérêt, car le Droit n'est que le respect des intérêts.

* *
*

La base de la morale est le précepte de conformer sa vie au bien général et permanent de l'espèce.

« Supposez, dit Darwin, pour prendre un cas
« extrême, que les hommes se fussent produits
« dans les conditions des abeilles, il n'est pas dou-
« teux que nos femelles non mariées, à l'instar des
« abeilles ouvrières, considéreraient comme un de-
« voir sacré de tuer leurs frères, et que les mères
« chercheraient à détruire leurs filles fécondes,
« sans que personne trouvât rien à dire. »

Sans doute, mais alors les hommes seraient des abeilles et ne seraient plus des hommes.

C'est quelque chose dans la constitution de l'humanité que le mode de génération de l'homme ; assurément, si les hommes s'engendraient d'une autre façon, nous aurions une autre morale. Si les hommes se reproduisaient comme les animaux élémentaires unisexués, on n'aurait pas à prêcher la chasteté.

L'utilitarisme nous dit : « Adapte-toi aux conditions de la vie terrestre », et le mysticisme : « Traite cette vie terrestre comme un accident méprisable et, avec l'aide de la prière, ajuste-toi, dès à présent, aux conditions ineffables de la vie surnaturelle. »

Il n'y a pas de vie surnaturelle ; si nous revivons, ce qui est vraisemblable, ce sera d'une vie différente, mais très naturelle, dans un autre monde fort naturel qui, pour ne ressembler en rien au nôtre, n'en sera pas moins naturel, et nous nous adapterons très naturellement à une société nouvelle, supérieure à la nôtre, si nous avons suffisamment perfectionné notre être ici-bas.

Si, loin de mépriser notre vie terrestre, nous devons l'aimer comme ayant, selon toute vraisemblance, un grand but, est-il inutile de recourir à la prière pour combattre nos instincts animaux ou du moins pour les diriger ?

Ce n'est point le cas de dire, avec Joseph Prudhomme : Poser la question, c'est la résoudre.

Cependant, on peut dire : La prière est une force assurément.

***

Toute association implique des devoirs — l'étendue du devoir se proportionne à l'intelligence des associés et aux bénéfices de l'association.

Le chien parvient très certainement à la notion du devoir, parce qu'il est assez intelligent pour comprendre le fruit qu'il retire de son association.

avec son maître. Sans doute, il est souvent arrêté par la crainte du châtiment, mais certainement aussi il est sensible aux reproches et, dans ses actes, non seulement l'affection le guide, mais aussi l'obscur sentiment du devoir.

L'homme a d'abord des devoirs à remplir envers le troupeau auquel *il doit* l'existence — seule association qu'il connaisse, ces devoirs deviendront successivement devoirs envers le clan, envers la patrie et finalement envers l'humanité.

Plus la société se complique, plus les devoirs de l'homme se multiplient et se compliquent avec elle.

*
* *

Suivant Renan, l'univers ne peut être une vaine agitation dont la balance finale serait zéro.

Il est bien difficile, en partant de cette donnée, de ne pas aboutir à la conclusion de l'ascension indéfinie des personnalités vers la perfection absolue.

*
* *

On a beau renverser le feu, dit un proverbe indien, la flamme monte toujours.

L'esprit, émané de Dieu, tend toujours à s'élever vers Dieu malgré les révoltes, trop souvent victorieuses, de la bête humaine sur l'élément divin que chacun porte en soi.

Le divin, sous une forme grossière (embryonnaire plutôt), tient une place énorme dans la vie
du sauvage.

*
* *

Le but du monde est le développement de l'esprit et l'esprit ne se développe que par ses propres
efforts, c'est-à-dire par l'action autarchique.

*
* *

Que l'affranchissement intellectuel ait des dan-
gers, cela est hors de doute; il n'en est pas moins
le but poursuivi par notre espèce : le triomphe du
divin sur l'animalité.

*
* *

On ne discute pas un besoin — il s'impose. La
prière est-elle un besoin ? — Oui, pour le plus
grand nombre.

*
* *

Si la vie a un but, ce ne peut être que le développement de notre personnalité — nous faisons
cette éducation par l'usage de notre libre arbitre.
Mais si l'homme use de son libre arbitre, il peut
aussi en abuser.

De là, la nécessité des lois.

La loi est la définition de la limite (variable et indécise) entre l'usage et l'abus.

*
* *

On juge un peuple, comme on juge un homme, par la quantité d'autarchie qu'il peut supporter.

*
* *

L'autarchie (c'est-à-dire le plein usage de son libre arbitre) est de droit; pour y toucher, il faut en démontrer l'absolue nécessité.

*
* *

Il n'est que trop visible que le but de la vie n'est ni la jouissance ni le bonheur, mais le développement de notre être par la lutte et le travail — et pourquoi? — très vraisemblablement pour sortir de ce monde mieux armé pour des luttes nouvelles.

*
* *

Lorsque, par la réflexion, nous ressaisissons un acte anti-social par nous accompli, et que nous le comparons aux exigences de l'instinct social toujours persistant et vivace, nous ne pouvons pas ne pas prendre cette action en horreur.

**

Ce qui importe, ce n'est pas de croire, c'est de bien faire.

**

Servir l'humanité, mettre au-dessus de tout son indépendance morale (ce qui est l'autarchie suprême), c'est en deux mots le devoir.

**

La Russie a donné naissance à un personnage qui n'est pas sans offrir quelque analogie avec Jeanne d'Arc. C'est un boucher de Nijni-Novogoród, un simple absolument illettré. Au commencement du xvIIe siècle, Kozena Minine réveilla le patriotisme presque éteint, ranima tous les courages, sauva son pays de la plus affreuse anarchie et du joug de la Pologne. Il accomplit tout cela par la seule puissance de sa parole ardente, de son abnégation, de sa foi robuste dans la patrie ! et lorsque cette patrie eut retrouvé le calme et commença à respirer, Minine ne voulut rien être, il rentra dans l'obscurité disant : « Il faut prendre pour tzar celui

que Dieu donnera, que la terre russe proclamera. »
Cet humble boucher avait aussi en lui l'étincelle divine; c'était une créature d'élection comme Jeanne;
plus heureux qu'elle, il finit ses jours paisiblement.

L'histoire, pleine d'horribles tableaux, de scènes
sanglantes et de lâchetés, nous offre, çà et là, le
réconfortant spectacle de quelques-unes de ces vies
sublimes qui réconcilient avec l'humanité.

*
* *

En nous inspirant un parfait dédain pour ce
monde si neuf et de si courte durée (tout est relatif:
dans l'histoire de l'univers, des millions de nos
années comptent pour un instant) que nos chétives
personnes traversent si lestement, l'astronomie nous
pousse dans la voie de l'indifférence et de l'ascétisme.

Nous n'en aimons pas moins cette Terre éphé-
mère (probablement parce que nous la considérons
inconsciemment comme une maison d'éducation
pour une autre carrière); et l'on n'a pas à craindre
que, par scientifique mépris, nous nous laissions
mourir en nous croisant les bras. L'astronomie a
beau s'accorder avec l'ascétisme indien, nous Occi-
dentaux, nous aimons notre vie d'ici-bas. Mais,
pour nous, vivre, c'est agir et lutter; la stupidi-
fiante contemplation n'est pas du tout notre fait,

nous préférons le travail, la lutte et l'action au rêve.

*
* *

L'homme est spontanément religieux, il adore comme l'oiseau chante.

*
* *

L'ascétisme fascine les masses — de Siddarta Gautama à Robespierre et Blanqui, il en a toujours été ainsi.

*
* *

Le tentateur, c'est la bête qui vit en nous.

*
* *

La nature est à la fois notre nourrice et notre ennemie ; nous devons la violer pour nous abreuver à son sein fécond.

Le pessimisme ne voit que l'ennemi, l'optimisme ne voit que la nourrice.

Et la masse travaille (heureusement !) sans se préoccuper de pessimisme ou d'optimisme, avec la conscience vague que son travail a un but plus noble que celui de la nourrir.

*
* *

Sans doute, notre esprit a besoin de logique, mais notre imagination et notre cœur ont des besoins bien autrement impérieux.

***

Il n'y a qu'une difficulté dans le monde, c'est la liberté.

En économie politique, en politique, en morale, tout est simple quand on supprime la liberté.

Il est de bon ton d'ailleurs de sourire de pitié ou de hausser les épaules quand un revenant de 48 parle de liberté; notre jeunesse fin de siècle en a généralement le dédain — de là, cette poussée d'étatisme à laquelle coopèrent tous les partis.

***

Nous disons aujourd'hui très bien (et l'on dira probablement toujours): « le coucher du soleil », quoiqu'on sache que le soleil ne se couche pas. Il est tout aussi légitime pour le mourant de dire comme le Christ sur la croix: « Mon Dieu, je remets mon esprit entre vos mains », bien qu'on sache parfaitement que l'Être, infini dans l'espace, éternel dans le temps, ne peut avoir des mains.

***

Je regarde les innombrables antinomies entre lesquelles nous nous agitons comme des bornes fixées, par une puissance supérieure, de chaque côté de la route qui nous conduit au but vers lequel nous marchons — bornes entre lesquelles s'avance la liberté humaine et limitant ses écarts.

*
* *

« L'humanité pensante, m'écrit un professeur de philosophie, ne consentira jamais à rester en suspens. »

Que cela lui plaise ou non, l'humanité restera toujours *en suspens* entre le déterminisme et la liberté.

Rien n'est changé depuis « Jacques le fataliste »; le fataliste *raisonne* comme si ses actes, à l'avance, « étaient écrits sur le grand rouleau », il *agit* comme s'il était libre.

La liberté humaine n'est peut-être qu'une illusion, mais nous vivons de cette illusion... peut-être le Védantisme a-t-il aussi raison quand il affirme l'irréalité des choses, quand il soutient que nous vivons d'illusions dans un monde illusoire ? Mais cette vérité, si c'en est une, ne pénétrera jamais dans nos cerveaux d'Occident.

Sans être à même de le prouver (si je le prouvais,

je serais un être surhumain), je pense que nous
sommes assez libres pour croire à notre liberté,
assez déterminés dans nos actes pour ne nous
éloigner que temporairement du but assigné par
une volonté supérieure — but insaisissable pour
des êtres limités, car il est évidemment lié au but
final de l'univers lui-même, de cet univers infini
dans l'espace et dans le temps.

La foi dans la liberté est affaire de tempérament
et non d'intelligence, on trouve des intelligences
également supérieures parmi ses partisans et parmi
ses adversaires.

Cependant, ce fait n'est point contestable : les
peuples forts ont foi dans la liberté, les peuples
dégénérés mendient la tutelle.

Parmi les hommes, les uns, dominés par le spectacle de la complexité des choses, « restent en suspens »; les autres, les *simplistes,* s'en tiennent à une
solution simple, de là vient leur influence énorme.
Là est la force du socialisme, création de génies
simplistes de grande envergure ; là est le secret de
sa puissance sur les foules ahuries devant l'ef-
froyable complexité du monde moderne.

*
**

« L'homme est un équilibre. »
S'il est un équilibre, c'est qu'il est sollicité par

des forces antagonistes qui s'équilibrent (comme l'affirment les *Mystères des Bardes*). — De là, l'expression de *déséquilibré* pour désigner les gens qui font exception à la règle commune.

Tous les grands génies, tous les puissants acteurs sur la scène du monde ont été quelque peu déséquilibrés. L'homme bien équilibré est voué à la médiocrité. Si l'homme de génie fait marcher le monde, l'homme médiocre le fait vivre.

**

Je veux l'autarchie parce que je me sens libre et me sais autonome.

Mais la marche de l'être autonome se règle forcément sur la nature du milieu dans lequel il se meut.

**

Quinet, dans son histoire de la Révolution, conclut que la cruauté politique est un simple produit de la bêtise.

Trouvez de la pitié dans un cerveau de crocodile.

J'ai connu un jeune médecin qui rêvait le rôle de Marat. Était-il méchant ? Pas du tout. C'était un vaniteux, convaincu qu'il y avait en lui l'étoffe d'un grand homme d'État.

L'homme d'État couvre la niaiserie de ses conceptions d'un voile ensanglanté et se hausse aux yeux des foules en prenant des poses tragiques.

Si la cruauté est le caractère de la bestialité, la pitié *active* trône au plus haut sommet de la grandeur humaine.

**

Le primitif par instinct fuit la douleur, mais, quand il ne peut l'éviter, il met son point d'honneur à la braver; ce point d'honneur, il le pousse au delà des limites jugées possibles par le civilisé. L'Indien, par exemple, s'estimerait déshonoré s'il se laissait vaincre par une souffrance intolérable pour nous.

Quelle que soit l'origine de ce point d'honneur, il est toujours extrêmement développé chez le sauvage.

Subir les tortures volontairement acceptées, ou même provoquées, par le jeune Indien, pour obtenir l'initiation parmi les guerriers, nous semble, à nous Européens, au-dessus des forces humaines.

**

L'origine du devoir me semble résider dans ce sentiment instinctif: nous sommes sous la dépendance de notre milieu et nous avons l'intuition d'un

lien qui nous oblige envers ce milieu en vertu
duquel nous existons.

*
* *

L'évolution a pour but le développement du sens
moral — tout le reste n'est que moyen.

Le moyen par excellence est la sélection — la
sélection, qui n'était d'abord que le triomphe des
plus forts ou des plus prolifiques, devient le triomphe des plus utiles à l'humanité.

*
* *

La loi morale est une loi que la raison se donne.

La pratique de la loi morale est la plus haute
expression de l'autarchie.

Mais la raison se développe et les lois dont la
pratique a besoin varient.

La formule de la loi morale est : « Agis conformé-
ment aux intérêts de l'association dont tu dépends. »

Cette association est d'abord le troupeau, au sein
duquel naît la famille, qui devient le clan, la tribu,
et successivement la cité, la patrie, l'humanité.

Au-dessus de l'humanité, nous pressentons va-
quement une association universelle..., l'association de toutes les formes pensantes du Tout.

*
* *

L'univers a-t-il une raison d'être ?

Le tangible répond : non — mais derrière le tangible il y a quelque chose qui nous échappe ; telle est la conclusion instinctive de la raison humaine.

**

Je ne puis aimer une abstraction : le Dieu de la métaphysique, le Dieu de Robespierre ne me disent rien. — Je suis donc condamné à donner une forme à l'être qui n'en a pas :

Ou je le personnifie dans la nature, de là le panthéisme ;

Ou je l'entrevois dans l'humanité, de là le christianisme.

**

La notion, si vague soit-elle, du supra-sensible est une garantie de son existence.

**

La pensée, c'est tout l'homme ; il est très naturel de diviniser la parole, instrument nécessaire de ce qu'il y a en nous de divin.

**

Notre monde est une maison d'éducation (peut-être de correction ?), il est ennuyeux comme un lycée.

**

Si l'homme donne l'instruction, la femme donne l'éducation morale, car *elle écrit la première sur la page blanche du cœur de l'enfant...* Dans ce cœur, où il n'existe encore que de très vagues instincts héréditaires, elle dépose le premier germe, ce germe si important.

Or, l'instruction a bien peu de prix auprès de l'éducation morale.

C'est vraiment la femme qui fait les nations.

**

Toutes choses, ici-bas, vont par les contraires, dit le Mâhabhârata.

Nous sommes condamnés à nous mouvoir entre des antinomies.

Les antinomies sont les lisières de la liberté.

**

Le monde que nous connaissons est une création de notre esprit.

Le monde que nous percevons n'a pas grand rapport avec le monde perçu par la fourmi ni même avec le monde perçu par un chien ou un singe.

Le monde que nous concevons n'est pas le monde conçu par le sauvage et, dans dix mille ans, l'homme concevra le monde tout autrement que nous. Nous aurons les mêmes yeux (légèrement modifiés peut-être), mais nous aurons inventé de nouveaux moyens de nous en servir; nous aurons artificiellement accru le pouvoir de nos sens — et nous n'aurons pas le même esprit pour percevoir avec les mêmes sens.

L'homme actuel se modifiera tellement (sans beaucoup changer probablement de forme extérieure) que le futur humain ne lui ressemblera pas plus que l'homme de Fourier, lequel, comme chacun sait, portait une queue avec un œil au bout.

En somme, Fourier a été prophète... il y a l'intuition de l'avenir dans le monde étrange né de sa fantaisie.

Il a compris le premier que l'avènement de la grande industrie changera du tout au tout la face du monde au point de vue matériel, intellectuel et moral.

*
* *

La volonté est le cocher d'un char à trois chevaux: Instinct, Passion, Raison.

*
* *

Nous émergeons d'un milieu — nous sommes d'abord le produit de ce milieu, puis nous refaisons le milieu qui nous a produits.

**
**

Notre volonté conduit un char sur une voie tracée par une volonté surhumaine; nous sommes libres de notre allure, mais le point de départ et le point d'arrivée ne dépendent pas de nous.

Certains cochers s'attardent dans les auberges, d'autres se cassent un membre pour avoir mal tenu leurs chevaux en bride et vont passer plus ou moins de temps à l'hôpital — d'autres encore négligent les harnais, ne soignent pas leurs bêtes, de là des accidents dont ils sont responsables.

La voiture est notre corps; l'attelage, c'est nos sens et nos instincts.

Pourquoi le Patron ne donne-t-il pas à tous même voiture et même attelage? On n'a jamais pu savoir. Mais, dans ce cas, l'humanité se composerait d'un troupeau de semblables. Il y aurait un groupement d'individus, il n'y aurait pas de société.

Peut-être le Patron distribue-t-il les véhicules d'après les aptitudes montrées par les cochers dans des courses antérieures, dont ils ont perdu le souvenir ??

**
**

Plus les hommes réfléchiront (divagueront, si l'on veut), plus ils divergeront ; l'unité de foi est un mythe.

***

Par l'autarchie, l'homme s'engage à la stricte exécution des contrats librement acceptés — l'autarchie est d'ailleurs l'engagement d'obéissance à la suprême autorité de la conscience morale, seule autorité, en définitive, que reconnaisse l'autarchiste.

***

Peut-être l'œuvre la plus féconde de Jésus est-elle d'avoir élevé la conscience individuelle au-dessus de la soumission à l'État, l'obéissance à la conscience morale au-dessus de l'obéissance à la loi — en cela, il fut l'autarchiste par excellence — il accepta volontairement la mort pour avoir le droit de protester contre la loi.

Socrate nous donne un exemple analogue : il ne se croit pas le droit de soustraire sa personne au jugement porté par ses concitoyens ; il refuse de sauver sa vie, pour ne pas enfreindre la loi ; mais il n'accorde ni à ses concitoyens, ni à l'État, ni à la loi aucune autorité sur sa conscience.

Ainsi doit être comprise la souveraineté absolue de la conscience.

Nous devons donc l'obéissance à la loi en ce qui

concerne nos biens et notre vie ; mais nous ne devons accepter, à nos risques et périls, aucune ingérence, quelle qu'elle soit, dans le domaine de notre conscience.

*
* *

L'hypothèse de l'impératif catégorique de Kant entraîne les plus heureuses conséquences : elle pose comme un fait notre faculté d'autarchie, c'est-à-dire l'existence en nous d'une volonté, d'un être raisonnable et libre, ne pouvant se soumettre qu'à une loi qu'il se donne.

*
* *

Les primitifs prêtent à leurs dieux une puissance énorme, mais pas l'ombre de moralité ; ces dieux font ce qu'ils veulent, sans être astreints à la moindre obligation morale. La morale humaine ne les concerne pas — s'ils sont dieux, c'est pour satisfaire leurs caprices. A quoi bon être dieu, si ce n'est pour faire ce qui plaît ?

Pour les Français, restés monarchistes de droit divin jusqu'aux moelles, l'État, grand fétiche des foules attardées, jouit de tous les droits sans être astreint à des obligations.

L'État, successeur et remplaçant des dieux, comme eux, est dispensé d'être honnête.

*
* *

Le primitif a conscience de sa volonté, il sent cette volonté sous la dépendance d'une volonté supérieure à la sienne — c'est toute la religion à bien des égards.

**

La raison d'être de l'autarchie se trouve dans ce fait que l'homme se sent déterminé dans ses actes par des mobiles autres que les mobiles sensibles.

**

Nous émergeons à peine de l'animalité, hier nous n'étions que de grands singes; ce n'est pas en un jour que nous éclaircirons le problème de Dieu — dont la solution d'ailleurs, même approximative, demeure impossible.

Dieu reste, malgré tout, la plus haute aspiration de l'homme.

Certes le fini ne peut pas plus comprendre l'infini que la partie ne peut contenir le tout.

Suivant Krishna, l'espace peut seul contenir l'espace, Dieu seul peut comprendre Dieu.

N'importe le caractère distinctif de l'homme, son auréole est la recherche obstinée de cet impossible, en dépit du positivisme qui, non sans vérité, nous dit : vous poursuivez une chimère.

**

Qui ose (si ce n'est l'ignorant) se juger capable d'opérer la synthèse des connaissances humaines ?

De connaissances qui s'accroissent indéfiniment, et qui ne seront jamais qu'une infinitésimale dans la connaissance du tout.

Car l'univers inconnu grandit indéfiniment avec nos connaissances.

De toutes nos connaissances, celle de notre ignorance est précisément celle qui progresse le plus.

*
* *

Je connais pas mal d'altruistes qui, sous prétexte de travailler au bonheur de l'humanité en général, ne font jamais rien pour personne en particulier.

*
* *

Le corps est l'arme de notre esprit, nous devons en prendre autant de soin qu'un soldat de son fusil.

*
* *

Si les dieux sont le produit de la crainte, Dieu est né de nos sentiments moraux.

*
* *

Qu'il le veuille ou non, dit le Mâhabhârata, l'homme porte le fardeau de ses actes.

*
* *

Comment, dit le sage Vidoura, dans le Mâhabhârata, les hommes peuvent-ils avoir l'esprit assez abusé pour se porter envie, quand ils ont tous la pourriture pour destinée ?

Sans doute... mais, que la mort soit ou non la fin de mon existence, ce n'est pas mon moi qui pourrira.

*
* *

Qu'est Dieu en lui-même ?... nous n'en savons rien et n'en saurons jamais rien — mais ce qui nous importe, c'est de savoir ce qu'est Dieu relativement à l'homme.

La seule définition que nous puissions accepter est celle-ci :

Dieu est une source de force morale à laquelle il nous est loisible de puiser par la prière.

*
* *

D'après Kant, la raison se proclame originellement législative. Cette proclamation est le fondement même de l'autarchie.

La raison, d'ailleurs, comme toute chose, étant

soumise à la loi du développement, sa législation l'est aussi.

*
* *

Suivant la théocratie, Dieu nous dicte, par l'intermédiaire de ses prêtres, des lois dont ils sont les exécuteurs et auxquelles nous devons obéir.

Dans la pensée moderne, Dieu nous a doués de cette faculté merveilleuse de nous donner des lois conformes à nos besoins.

Il nous a doués encore de cette double faculté de nous adapter au milieu existant suivant nos besoins et nos désirs.

Cette double faculté se retrouve bien dans l'animalité à l'état embryonnaire, mais combien la faculté d'adaptation humaine l'emporte sur la faculté d'adaptation animale ! Chez l'animal l'adaptation est toute passive, chez l'homme elle est essentiellement active.

Le milieu agit sur l'animal.

L'homme agit sur le milieu.

Nous sortons de l'animalité, notre but final est de nous émanciper de l'animalité.

Mais combien, hélas ! nous subissons la tyrannie de nos instincts !

Intellectuellement, notre marche est rapide — mais que le progrès moral est lent !

*
* *

La meilleure épée est forgée dans l'énergie et trempée dans le savoir.

* *

Épouse légitime ou fille-mère, toute femme qui élève son enfant mérite tous les respects.

Personne n'est plus digne de mépris que le père, légal ou non légal, qui se dérobe aux charges de la paternité.

La femme, si légitime qu'elle soit, qui rejette les devoirs de la maternité sur des mercenaires, ne mérite sûrement pas autant d'estime que la fille-mère qui soigne son enfant.

* *

Quand la Terre n'était habitée que par des aveugles sourds et muets — ou plus tard par des myopes pourvus d'odorat — ou plus tard encore quand les sauriens géants étaient rois — si une intelligence analogue à la nôtre avait pu contempler ce monde sublunaire, sans doute elle eût prononcé ce jugement : Voilà une création sans but, œuvre d'un dément.

Et cependant cette création dénuée d'intelligence et de conscience avait bien sa raison d'être, elle préparait l'avènement de l'homme.

Sur la Terre, l'avènement de l'homme, cet être si misérable et si grand, a sûrement sa raison d'être comme préparation à quelque être supérieur dont nous n'avons aucune idée.

*
* *

La raison est le cocher d'un attelage à deux chevaux : l'imagination et le cœur.

Sans le cocher les deux chevaux courent à l'abîme.

Mais à quoi bon un cocher sans chevaux ?

*
* *

A la longue le vent use les rochers.

Le temps arrange toutes choses, disait un cardinal italien.

Quel facteur que le temps !

Et cependant le temps n'est rien en dehors des phénomènes ; le temps, dit Kant, n'est qu'une forme de notre sensibilité.

*
* *

Le plus généralement on entend par altruisme l'exploitation d'autrui.

*
* *

Au point de vue moral, l'autarchie est l'obéissance à la voix de sa conscience personnelle — elle est par conséquent la synthèse de la solidarité humaine et de l'indépendance personnelle.

Que faut-il entendre par *l'homme?* Évidemment l'homme moralement développé, l'homme qui se rapproche le plus possible de l'idéal rêvé par les plus hautes personnalités morales — idéal variable assurément.

*
* *

Travailler au perfectionnement d'autrui est un grand acte de charité.

*
* *

Aider autrui à se libérer de l'animalité est l'acte humain par excellence.

Mais l'homme ne peut se libérer de l'animalité que quand les besoins les plus impérieux de la bête ont été satisfaits.

*
* *

Le respect en soi et en autrui de la personnalité humaine est le fondement même de l'autarchie.

*
* *

Nous devons regarder les sublimes envolées de l'esprit humain comme des manifestations de Dieu.

***

Le droit absolu dépasse parfois la justice, comme la logique absolue dépasse le plus souvent le bon sens.

***

Tout ce que nous connaissons nous porte à croire que la loi de la nature est le mieux... mais le but ? C'est perdre son temps de chercher le but ultime de la nature par l'étude de la nature, mais nous ne pouvons croire la nature sans but.

***

L'homme (pas le bimane) jouit de cette incompréhensible faculté de se donner une valeur par lui-même.

***

Toute fille-mère a racheté sa faute par les douleurs de l'enfantement — si elle élève bien son enfant, elle est digne de tous les respects.

La mère qui remplit ses devoirs est toujours sainte et sacrée.

Ayons même quelque indulgence pour la trafi-
quante d'amour qui, après tout, a son rôle et son
utilité — il en est de plus à plaindre qu'à blâmer.

**

Si la nature n'était pas réglée par des lois im-
muables, toute action humaine serait impossible.
Nul ne pourrait agir en vue d'un but donné, les
conséquences de ses actes ne pouvant être pré-
vues.

Les lois naturelles sont donc à la fois les instru-
ments et les limites nécessaires de notre liberté.

La loi d'Archimède est terriblement gênante
pour la conception d'un navire, mais, sans elle, il
ne pourrait même pas venir à l'esprit d'un ingé-
nieur de faire un plan — il n'y aurait du reste pas
d'ingénieurs; on dessinerait un projet de cuirassé
comme on écrit un conte de fée; en revanche, on
ne pourrait le faire sortir du domaine de la fantaisie, comme les chimères et les chevaux ailés.

Nous ne pouvons rien contre les lois naturelles,
mais nous ne pouvons rien sans elles.

Tous les progrès de la machinerie moderne ont
nécessité la découverte de lois physiques.

Il en est des lois économiques comme des lois
naturelles (ce sont bien d'ailleurs des lois naturelles), elles gênent l'action sociale, mais la ren-

dent possible. Les socialistes sont des enfants qui
nient les lois économiques parce qu'elles les con-
trarient ; les autarchistes sont des hommes qui
veulent s'en servir pour les progrès de l'humanité.

*
* *

La superstition est la croyance à la possibilité
de plaire à Dieu par la substitution des pratiques
à l'accomplissement du devoir.

*
* *

Dans le magnifique ouvrage de M. de Molinari :
L'Évolution économique au XIXe *siècle,* je trouve
cette affirmation : « La morale est une branche de
l'économie politique » ; je crois plutôt à l'inverse :
« L'économie politique est une branche de la morale », parce que la morale est l'étude de la liberté
humaine dans toutes ses manifestations.

*
* *

L'homme, étant mécontent du monde réel, en
imagine un autre ; le socialisme et la religion ont
leur origine dans le même besoin.

*
* *

Le domaine de la foi est, par excellence, le domaine de la liberté individuelle, puisqu'il nous est impossible de démontrer la vérité religieuse (en admettant qu'on la connaisse) soit par une expérience sensible, soit par la raison pure.

La foi est chose d'imagination et de sentiment — elle appartient au domaine où l'un et l'autre peuvent se développer le plus librement, selon le tempérament de chacun.

L'expérience nous montre, d'ailleurs, à quelle décadence la contrainte religieuse conduit les peuples — à quelle hauteur morale les élève la liberté de penser.

*
* *

Le domaine de l'imagination, à certains égards, est le plus beau, parce qu'il est le plus vaste et celui où l'homme est le plus libre.

La religion est le terrain sur lequel se rencontrent l'imagination et le cœur.

*
* *

Dans l'invocation, l'action humaine et l'action divine sont inséparables.

Relativement à nous, Dieu se présente alors comme une surface réfléchissante, qui nous retourne l'écho de notre propre pensée, mais cet écho de notre propre pensée, nous revient renforcé et tout chargé de consolation et d'énergie. Tel est le phénomène apparent.

Peut-être le phénomène réel se passe-t-il entièrement en nous ? C'est bien possible.

La consolation de la prière repose-t-elle sur une illusion ? C'est bien possible encore.

L'univers est une arène où chacun lutte pour sa propre élévation ; l'épreuve nous trempe.

La mort, condition de l'existence pour tout être fini, est un perpétuel renouvellement.

***

La religion est la conscience de nos relations avec le supra-sensible.

La croyance à l'omnipotence de quelque chose de surhumain constitue le fond commun de toutes les religions.

***

La religion (ce n'est pas, d'ailleurs, son seul objectif) s'efforce de satisfaire notre irrésistible besoin d'hypothèses sur des choses que nous ne pouvons connaître et qui sont précisément celles qui nous importent le plus.

***

La religion est antérieure à la doctrine — le dog-
matisme est précisément l'antipode du sentiment
religieux.

*
**

De tout temps, l'homme profondément religieux
a préféré la prière isolée au culte en commun.

*
**

Si Dieu n'est qu'une hypothèse pour expliquer
l'Inconnaissable, l'Athéisme n'explique rien.

*
**

La mathématique est la science du possible.

La science nous apprend ce qui peut être ou ce
qui est, la morale ce qui *doit* être.

La science est l'étude du domaine de la Nécessité, la morale est l'exploration du domaine de la
Liberté.

Par la science, nous intervenons dans le domaine
de la nécessité et nous faisons, de cette nécessité,
un instrument à l'usage de notre liberté.

*
**

La raison est la faculté d'agir en vue de fins —
notre fin ici-bas est l'accomplissement de l'idéal —

idéal fuyant, parce que tout idéal atteint dévoile un idéal nouveau.

***

Nous ne pouvons nous faire une idée de la Raison universelle que par la raison humaine.

En dressant des autels à la Raison, nos pères, en réalité, dressaient des autels à ce qu'il nous est permis de concevoir de plus élevé dans la nature divine.

***

La raison est causalité pour la liberté, c'est-à-dire : le libre arbitre est la faculté (variable chez les diverses personnalités, comme toutes les facultés) de se conduire suivant la raison.

***

L'homme a, comme Dieu, la faculté de faire des lois ; mais les lois de Dieu sont éternelles, les lois de l'homme sont contingentes.

***

En fait, il n'y a d'autre réalité que l'idée — car, d'un objet, nous ne connaissons que l'idée que nous nous en faisons.

***

Le monde extérieur est la matière de la pensée.

**

Très naturellement la diversité des effets impose à l'esprit la croyance à la diversité des causes. Il a fallu un grand effort à l'esprit humain pour arriver à la conception d'une unique cause première.

Pour le primitif, toute cause est un dieu.

**

Pour nous, le Un, l'absolu est insaisissable.

Pour nous, le Un se présente sous trois formes irréductibles :

$$\text{ABSOLU} \begin{cases} \text{Dieu ;} \\ \text{Nature ;} \\ \text{Homme.} \end{cases}$$

Dieu — Sémitisme ;

Nature — Panthéisme ;

Homme — Christianisme.

Le Christianisme est bien la religion de l'homme, la religion de l'humanité.

**

Pour comprendre l'univers, il faudrait nous transporter simultanément aux points de vue en nombre infini d'où la contemplation est possible et, de cette infinie variété des points de vue, contempler l'infinie variété des choses.

Il nous faudrait, d'autre part, contempler l'infinie variété des choses dans l'infinité du temps.

Enfin, il nous faudrait posséder une intelligence infinie et disposer d'une infinité de modes d'intuition et de perception, dont nous n'avons aucune idée.

*
* *

L'homme étant le seul type de force libre que nous connaissions, nous faisons forcément les dieux à notre image.

*
* *

L'univers se présente à nous sous trois faces : Substance, Cause, Relation.

Nous ne pouvons connaître que nos relations avec le monde extérieur, d'où nous déduisons, au moyen de notre faculté de raisonner, les relations des choses entre elles. Le résultat de ces déductions est la science.

*
* *

Quand l'homme commence à raisonner, il bâtit inconsciemment des hypothèses ; les religions tirent leurs principales sources d'un irrésistible besoin d'hypothèses sur la substance et sur la cause.

Les mentalités dominées par l'idée de substance

ont abouti au panthéisme indien — les mentalités
dominées par l'idée de cause ont abouti au monothéisme israélite ou musulman.

Substance — Panthéisme ;
Cause — Monothéisme ;
Relation — Science.

*
* *

L'homme est formé d'une constante et d'une variable : la constante est la sensibilité, l'entendement
est la variable — ou, si l'on préfère : dans la bête-
homme que nous sommes, la bête est la constante
et l'homme est la variable.

Tout porte à croire que, physiquement, nous
différons assez peu de l'homme des cavernes. Le
progrès moral (le seul vrai cependant) n'est peut-
être pas très considérable (du moins si l'on en juge
par certains journaux très en faveur) — le progrès
intellectuel individuel est bien moins grand qu'on
ne pense communément, parce qu'on le juge sous
l'impression du spectacle admirable des progrès
industriels et scientifiques, vraiment énormes.

*
* *

Le noumène de Kant n'est en somme que le ré-
sidu métaphysiquement raffiné de ces âmes qui,

selon les sauvages, s'incarnent indéfiniment dans de nouveaux corps.

Sans doute : là où le primitif met une image, le métaphysicien met un concept. Mais qui peut affirmer que l'image ou le concept ne couvrent pas une réalité ? C'est probable : il est bien difficile de comprendre que ce soit autre chose qu'un esprit qui affirme l'existence d'un esprit.

**

« Nous n'avons pas de cité permanente, nous cherchons celle de l'avenir, déclare l'épître aux Hébreux. »

Eh bien, dans l'avenir, comme dans le présent, il n'existe pas de *cité permanente*.

La permanence est interdite à tout être fini, le fini ne dure que par des transformations successives.

**

Les antinomies (y en a-t-il, bon Dieu !) sont des bornes entre lesquelles s'agite la raison ou la liberté humaines.

**

Je ne sais si Dieu s'occupe de nous (il s'en occupe très vraisemblablement d'une façon pour nous incompréhensible), mais je ne puis m'imaginer que sa grande préoccupation soit de nous griller.

***

Si nous dégageons la conception de Dieu, incluse dans les *Mystères des Bardes,* nous tombons sur la célèbre formule de Matthew Arnold : « Un pouvoir éternel qui travaille pour la justice. »

***

N'est-ce pas une contradiction obligatoire : d'un côté, ne pas douter de ces vérités astronomiques qui nous inspirent pour la Terre un si parfait dédain et, de l'autre, d'aimer cette Terre et d'y travailler avec ardeur ?

***

L'évolution est la condition d'existence nécessaire pour tout être limité.
L'infini seul est permanent.

***

C'est la monomanie de beaucoup d'esprits cultivés de chercher cette pierre philosophale qu'on appelle *un système.* Dieu seul peut se permettre le luxe d'un système, parce que seul il embrasse l'universalité des choses — mais il garde son système pour lui, parce qu'il est seul à pouvoir le comprendre.

Quant à nous, nous marchons dans un monde d'illusions et d'apparences que Dieu nous a donné la faculté de créer et dans lequel le seul guide est le devoir.

***

L'homme est formé d'une constante et d'une variable : la constante est l'instinct, l'intelligence est la variable.

L'animal se modifie bien un peu sous l'influence des variations extérieures ou de la volonté humaine, mais ces variations s'opèrent dans des limites fort restreintes.

Les progrès de l'homme individuel sont d'une appréciation fort difficile. Si l'individu gagne à certains égards, sous d'autres il perd. J'ai beaucoup fréquenté les sauvages et les non-civilisés et je suis loin de les mépriser. Ils savent beaucoup de choses et sont très observateurs. Rien ne me prouve qu'un Calédonien n'en sait pas aussi long qu'un bachelier. Il sait des choses autres, voilà tout. Si l'on mettait un bachelier tout nu dans les bois, il serait bien empêtré pour faire sa cuisine.

La somme de connaissances individuelles augmente assurément moins qu'on ne le pense communément. Il y a plus souvent transformation qu'augmentation. On n'apprécie pas suffisamment les connaissances d'un paysan, elles sont très variées et fort étendues.

Laissons de côté cette question controversable de l'augmentation de la somme de connaissances dont peut s'imprégner un cerveau humain — peut-on affirmer que Laplace avait plus d'intelligence qu'Hipparque, que Fresnel eut plus d'intelligence qu'Archimède? Qui décidera où il y a le plus de mérite : à faire de grandes choses avec de grands moyens ou à faire des découvertes embryonnaires avec des moyens presque nuls?

Malgré tout, l'intelligence individuelle participe aux progrès de l'intelligence sociale qui sont eux, du moins, incontestables.

Ici la division du travail joue un rôle immense.

Les intelligences se spécialisent beaucoup plus qu'elles ne grandissent : de là un plus grand besoin pour les hommes les uns des autres, de là une plus grande solidarité.

Quand les facultés d'un homme prennent en un sens des proportions démesurées, les autres facultés s'en ressentent : un disciple (et certes un admirateur) de Pasteur me disait qu'en dehors de sa spécialité, ce puissant génie était d'une étonnante médiocrité.

Mais c'est en moralité que le progrès est le plus lent ; quand on a assisté aux conquêtes coloniales, où la bête humaine est débridée, on découvre avec horreur toute la férocité cachée sous le vernis de la civilisation.

*
* *

La philosophie est l'étude de l'Inconnaissable, aussi passe-t-elle pour inutile et vaine aux yeux de pas mal de gens. Elle nous apprend cependant des choses fort intéressantes : en rectifiant nos jugements sur les impressions premières ressenties devant le spectacle du non-moi, elle nous apprend à nous défier des apparences.

Mais elle ne nous apprend rien sur la suprême réalité.

Aussi les positivistes accusent-ils les philosophes de se payer de mots. De philosophe à sophiste, il n'y a guère que l'épaisseur d'un cheveu. Ces abstracteurs de quintessence, habitués à disserter sur l'Inconnaissable, dissertent volontiers avec aplomb sur le connaissable ; leur qualité de philosophe leur donne le brevet d'infaillibilité dans les questions dont ils ignorent le premier mot.

*
* *

L'individu A au temps t devient A $+ d$A au temps $t + dt$.

Sans doute.

Mais la formule de l'homme est de la forme $a + bx$, dans laquelle, s'il entre une variable (une ou plusieurs), il entre aussi des constantes.

Si nous sommes des êtres variables, incessamment variables, il entre aussi des constantes dans notre constitution — et notre foi dans une constante dominante et fondamentale reste inébranlable; aucun raisonnement ne peut nous enlever la conviction de l'identité de notre moi en dépit de sa variabilité.

Nous ne sommes aujourd'hui ni au physique, ni à l'intellectuel, ni au moral ce que nous étions hier — et demain nous ne serons plus ce que nous sommes aujourd'hui — mais nous n'en avons pas moins le sentiment de la persistance du même moi au milieu de ces variations pour ainsi dire extérieures.

Nous avons conscience, en dépit de tout, que le moi apparent et variable n'est que le vêtement d'un moi invisible et permanent.

La constante humaine qui constitue le moi, dans les Mystères des Bardes, est désignée par le mot *awen*, assez heureusement traduit par l'expression du *génie primitif*.

Cette constante, qui constitue essentiellement *notre personnalité*, persiste-t-elle après notre mort?

Certes, nous n'en savons rien, mais très vraisemblablement, cette constante est durable.

*
*

La conscience de soi exige la position d'un non-
moi.

*
*

Pendant la mystérieuse période d'enfantement
de l'humanité, dans des laboratoires spéciaux en
nombre limité, se sont élaborés les divers types de
langues. Cette originaire diversité des langues cor-
respond à une irréfragable diversité dans la mentalité des diverses races.

*
*

Qu'est-ce que la divination ? — C'est une manifestation inconsciente du sentiment obscur encore
de notre faculté de prévoir.

Qu'est-ce que la science théorique ? — C'est la
prévision des conséquences de faits.

Qu'est-ce que la magie ? — C'est le pouvoir at-
tribué aux sorciers de contraindre, à l'exécution de
leurs volontés, les esprits ou les dieux inférieurs
qui, s'ils ne sont pas les plus puissants, sont les
plus actifs et les plus mêlés à nos affaires. Les

grands dieux s'occupent généralement peu de nous; en revanche, ils sont au-dessus du pouvoir des sorciers.

Qu'est-ce que la science appliquée? — C'est la faculté acquise d'employer les lois de la nature à dompter la nature.

Comme il y a des puissances supérieures au pouvoir des sorciers, il est des phénomènes sur lesquels la science reste sans prise — les phénomènes astronomiques, par exemple. Nous tirons grand parti de leur connaissance (en astronomie nautique notamment), mais nous ne pouvons intervenir dans leur cours. C'est le cas des phénomènes météorologiques : nous ne pouvons arrêter un cyclone, mais nous pouvons nous en éloigner — ou nous préparer à le recevoir et, là, nous devons le salut à nos prévisions.

Le parallélisme est complet entre la science et la sorcellerie — ce qui n'a rien de surprenant, la sorcellerie étant la forme embryonnaire de la science.

Comme le pouvoir de la science est limité (bien plus, d'ailleurs, dans son action que dans ses prévisions), le pouvoir des sorciers est limité par le pouvoir des grands dieux. Aussi, quand les chamans ne réussissaient pas dans leurs sortilèges, ils avaient la ressource de s'en prendre aux grands dieux.

✿✿✿

Tous les raisonnements possibles, les plus minutieuses enquêtes sur les cellules du cerveau, ne convaincront jamais l'homme qu'il est une simple réceptivité dépourvue de toute spontanéité, qu'il est simple spectateur dans le théâtre du monde.

Évidemment, notre cerveau nous paraît un appareil vibrant sous les innombrables vibrations de formes infiniment variées du milieu dans lequel il est plongé. C'est un simple récepteur qui restitue intégralement, après les avoir transformées, les vibrations communiquées par le milieu. Il y a là un champ sans limites d'études positives; mais ces études, si poussées qu'elles soient, ne jetteront jamais la moindre lumière sur le mystérieux phénomène qui lie les vibrations de l'éther à la pensée.

L'univers serait un éternel acteur inconscient, jouant, dans l'infini espace du temps, un interminable drame sans unité de plan devant d'éphémères spectateurs conscients !

Avouons humblement que cet univers de mondes énormes, peuplant à l'infini les espaces, est une énigme sans proportion avec notre intelligence. Or, la connaissance de notre origine et de notre fin n'est-elle pas manifestement liée à la compréhension de ce tout? Et si, depuis peu, depuis très peu, nous connaissons l'existence de ces mondes innombrables, n'ignorons-nous pas totalement ce qui s'y passe?

Que de modifications ou quelle extension apporterait à notre régime mental la compréhension des existences et des pensées des êtres vivant dans une demi-douzaine de mondes seulement !

Notre siècle est assurément le siècle du microscope, et j'admire la fécondité des travaux du biologiste penché sur ce merveilleux instrument ; mais quand il espère ainsi découvrir le principe de notre origine, pour en conclure notre fin, je ne puis m'empêcher de sourire.

**

Je me demande s'il n'existe pas dans ces systèmes d'étoiles triples, qui décrivent des courbes indéterminables pour notre intelligence, des êtres à longue existence ayant résolu le problème des Trois Corps. Ayant adapté leur vie aux conditions dans lesquelles il se trouvent, ils admirent probablement la variété de leur système comme nous admirons la stabilité du nôtre.

Sans doute, pour la construction de nos tables astronomiques et pour les besoins de notre vie journalière, la stabilité de notre système est nécessaire.

Tout ce qui touche à la Terre est moyen : moyenne sa distance au soleil, moyenne sa taille entre les grandes et les petites planètes. Nous devons tenir le rang d'une vulgaire bourgeoisie dans notre système solaire, lui-même très bourgeois. Dans les mondes extrêmes vivent des humanités tantôt inférieures, tantôt très supérieures à la nôtre — il s'y trouve peut-être des paradis et des enfers relatifs où nous conduira notre existence actuelle... Qui peut rien affirmer sur notre destinée ?

Dans ces astres où l'année se compose de milliers de nos années, il existe vraisemblablement des êtres dont l'existence est étonnamment longue. Si l'on parlait devant eux de la stabilité de notre système solaire, ils nous diraient en souriant : Dans quelques millions de vos années, c'est-à-dire dans quelques années de chez nous, votre petit soleil aura cessé de resplendir — alors il se baignera dans la lumière et la chaleur de Véga vers qui il se précipite. Entraînant son cortège à sa suite, il tombera au rang de modeste planète, et votre Terre à celui de simple lune — de lune morte comme votre satellite.

Et tout cela n'aura pas la moindre importance dans l'univers.

**
**

L'univers est un perpétuel enfantement.

**
**

Dieu est la conscience de l'univers.

**
**

Notre monde date d'hier et l'univers plonge dans l'infini des temps. Quand notre monde gisait encore informe dans l'éternelle fécondité universelle, n'y avait-t-il pas des êtres pensants alors, comme toujours? Et quand notre misérable corpuscule terrestre se sera évanoui, l'univers restera-t-il sans pensée?

*
**

Nous expliquons le particulier par un plus général, qui deviendra lui-même le particulier d'un général plus mystérieux.

Nous sommes donc à jamais voués au mystère.

*
**

Ce que je sais, c'est que toutes les parties de l'univers sont solidaires, que, s'il est infini, il est un.

De la solidarité physique, je conclus à la solidarité intellectuelle — pure hypothèse assurément, mais hypothèse grandiose et captivante.

*
**

Les philosophes appliquent volontiers au monde de l'esprit le nom de monde *intelligible;* comme me l'observe railleusement un professeur de philosophie, c'est monde *inintelligible* qu'il faudrait dire.

C'est vrai — mais avons-nous le droit de conclure de la non-intelligibilité à la non-existence ?

Nous ne comprenons ni la gravitation, ni l'éther, ni la vie, tout cela existe cependant.

Le même professeur m'écrit : « Le monde nouménal n'existe pas — doubler n'est pas expliquer, dit Aristote. »

Certes — mais nier n'est pas expliquer non plus.

Il est extrêmement commode de nier ce qu'on ne comprend pas, aussi ce procédé séduit-il toujours les simplistes.

Quoi qu'en dise Aristote et sa docte cabale, il est bien difficile de comprendre le monde phénoménal privé de sa doublure de monde nouménal.

Il est bien possible qu'il n'y ait ni monde phénoménal ni monde nouménal, mais quelque chose d'incompréhensible pour nous humains — mais moi, *homme,* je ne puis concevoir cet inconnu que sous la double forme phénoménale et nouménale.

***

En réalité, nous ne comprenons rien ; nous cédons à une illusion, quand nous croyons comprendre.

Mais d'où nous vient le don de nous créer des illusions d'une incontestable efficacité dans la pratique ?

Et puis qu'est-ce qu'une illusion?

L'illusion pour l'un est la réalité pour l'autre.

Je ne m'imagine pas un atome illusionné, et je ne vois pas comment une juxtaposition d'atomes peut s'illusionner davantage.

Le certain est le pouvoir moral de la prière.

Mais le Maître a formellement restreint ce pouvoir au domaine moral.

C'est une impiété de solliciter du souverain directeur des choses la suspension, en notre faveur, des lois du monde matériel qui sont aussi des lois divines.

Demandez le courage et rien de plus.

Et surtout ne vous avisez pas de prier quand il faut agir, car alors Dieu se détournerait de vous.

***

Que les dévots doivent ennuyer le Bon Dieu!

***

Qu'est-ce que la gravitation? C'est la pesanteur universelle. Qu'est-ce que la pesanteur? C'est la gravitation terrestre. Quand nous avons désigné, par un même mot *attraction*, à la fois la chute des corps à la surface de la Terre et la cause qui fait décrire aux corps célestes des courbes fermées, nous croyons avoir expliqué deux phénomènes différents en apparence. Au fond, nous n'avons rien expliqué.

Dans la *pratique,* l'identification de la pesanteur et de la gravitation nous conduit aux plus merveilleuses conséquences; elle ne nous a pas avancés d'un pas vers la connaissance de l'absolu.

Nous déterminons les lois de choses qui n'en restent pas moins pour nous profondément inconnues, et, *pratiquement,* nous tirons de ces lois des effets extraordinaires. Qu'est-ce que la lumière? Une vibration de l'éther? Qu'est-ce que l'électricité? Un mouvement de l'éther. Mais qu'est-ce que l'éther? Nous n'en savons rien; nous n'en connaissons pas moins les lois de la lumière et de l'électricité, et nous en faisons un usage constant.

Nous savons que l'électricité, la lumière, la chaleur, l'affinité chimique sont les formes diverses de ce même Protée, l'énergie... En somme, c'est du mouvement, mouvement d'atomes et mouvement d'éther. Mais, si nous ne savons pas ce qu'est l'éther, nous ne savons pas plus ce que sont les atomes.

Qu'est-ce que le mouvement? C'est de l'énergie. Qu'est-ce que l'énergie? C'est du mouvement.

Qu'est-ce que le mouvement de choses qui échappent à nos perceptions comme l'éther et les atomes?

Dans le domaine de la pratique, nous n'en arrivons pas moins à accomplir des prodiges par la transformation des mouvements de masses en vibrations ou ondulations éthérées et réciproquement.

***

L'éternelle création est l'incessante manifestation de l'Éternel.

***

Pour nous, hommes, il n'y a ni absolu ni réalité en soi (bien qu'ils existent), il y a une incessante, perpétuelle création de notre esprit. Matériellement, intellectuellement, moralement, nous créons sans cesse le monde dans lequel nous vivons.

Notre imagination est la puissance créatrice de ce monde apparent que nous prenons pour un monde réel.

C'est une perpétuelle ascension de l'être libre, éclos de l'animal, vers un idéal inconnu, émanation de notre esprit, création de notre intelligence et de notre volonté.

***

Le monde connaissable pour nous est formé de nos représentations, c'est-à-dire le monde bâti par le Moi au moyen du Non-Moi.

***

Sûrement tout procède de l'incréé et doit retourner à l'incréé.

Mais qu'est-ce que l'incréé ?

Pour nous, hommes, l'incréé ne peut être qu'un esprit, et un esprit analogue au nôtre. Qu'il en soit ainsi ou non, nous ne pouvons penser autrement.

***

L'esprit ne connaît et ne peut connaître que ce qu'il produit ; mais on ne produit pas sans instrument.

Le monde extérieur est notre instrument de production — le monde est le capital que le Banquier souverain a confié à notre exploitation.

« Et l'esprit de Dieu flottait sur les eaux. »

***

Nous sommes un produit du Monde — mais nous produisons à notre tour *le monde que nous connaissons*.

Si nous sommes un produit du monde, le monde tout entier est un produit de notre pensée.

Pour être irréductible, cette antinomie n'en est pas moins certaine.

***

La mathématique est une science sublime, parce qu'elle est une pure création de notre esprit à l'occasion du monde extérieur.

Il y a *des choses* dans l'espace, mais il n'y a certainement ni lignes, ni surfaces, ni volumes : il n'y a ni pôles, ni équateur, ni orbites... Tout cela n'existe que dans notre esprit et par notre esprit.

***

Toutes nos conceptions sont une production de cette inconnue, le Moi, au moyen de cette autre inconnue, le Non-Moi, et la seule chose que nous connaissions, ce sont nos idées.

***

Nous ne pouvons rien savoir en dehors du monde sensible, et le monde sensible ne nous suffit pas... et il ne nous suffit pas parce que nous sentons bien qu'il est un monde illusoire.

***

Le panthéisme ne saurait satisfaire notre indéracinable besoin d'absolu, par la raison qu'une somme, même infinie, d'êtres relatifs ne saurait constituer un absolu.

***

Espace - Temps   *Matière - Éther*
  Mouvement.   *Énergie.*

L'éther est le véhicule de l'énergie, l'énergie est le véhicule de l'esprit.

Comment l'éther agit-il sur les atomes? nous n'en savons rien.

Ne nous étonnons pas de notre ignorance de la façon dont notre esprit agit sur l'éther.

**

Qu'est l'esprit? nous n'en savons rien. Qu'est la matière? nous le savons pas davantage. Comment comprendrions-nous l'union de la matière avec l'esprit?

**

Quoi que nous fassions, nous sommes bien obligés de croire à l'existence de l'incréé, de l'être existant par lui-même.

**

Le monde, que nous connaissons, construit par notre esprit, n'existe que dans notre esprit.

**

A coup sûr, s'il est une hypothèse enfantine, c'est bien celle de l'explication de l'univers par le jeu de ces petits morceaux d'étendue durcie qu'on appelle des atomes.

* * *

Pour nous, le sensible et le supra-sensible sont aussi nécessairement distincts que la matière et l'éther.

* * *

Toutes les étoiles, ces prodigieux brasiers, nous apparaissent comme des points sans dimension.

Cette apparence trompeuse, tout compte fait, a ceci de vrai : toutes ces masses colossales sont bien en réalité des infiniment petits par rapport à l'univers.

* * *

Du moment où l'homme a cru entrevoir des intelligences derrière les phénomènes de la nature, la religion a été fondée.

Derrière les phénomènes, nous voyons aujourd'hui des causes naturelles, des agents naturels — nous ne voyons plus que cela et rien que cela. — C'est perdre son temps de le nier ; mais si nous sommes obligés de reporter ailleurs le monde de la volonté libre, quoi qu'on dise et qu'on fasse nous le sentons en nous.

* * *

La religion est le résultat de l'effort déployé par l'homme pour communiquer avec l'infini et l'inexprimable — naturellement, il ne réussit pas. Il n'en travaille pas moins avec amour et persévérance à l'accomplissement de cette tâche impossible, obéissant ainsi à sa constitution mentale, parce qu'il ne peut autrement.

*
* *

La philosophie s'efforce de pénétrer Dieu en lui-même, la religion se propose d'établir des rapports entre l'homme et Dieu.

La philosophie poursuit l'absolu, la religion cherche le relatif.

La religion se pose ce problème peu commode : établir des rapports entre l'homme qu'on ne connaît guère et Dieu qu'on ne connaît pas.

Et, que cela nous plaise ou non, chacun s'attache à la solution du problème.

*
* *

Dès ma jeunesse, l'astronomie prit une très grande part à la direction de mon esprit. Elle m'a ouvert les yeux sur cette vérité banale, mais dont nous repoussons les conséquences avec une sorte de terreur : Nous nous agitons dans un monde d'illusions, le monde révélé par nos sens n'est pas le monde réel — le monde réel à jamais inconnaissable est hors de nous, le monde que nous connaissons est en nous.

Ceci n'est pas un paradoxe : non seulement nos sens ne nous apprennent rien sur le monde réel, mais ils nous trompent ; c'est notre raison seule qui soulève un peu le rideau.

Tout d'abord, l'atmosphère dans laquelle nous vivons jette un voile sur l'univers.

Dans le jour, l'azur du ciel nous cache les étoiles.

Qu'est cet azur ? le produit de l'action de la lumière sur les vapeurs flottant dans l'espace, les poussières impalpables, les germes errants, les myriades d'êtres organisés ou inorganiques qui s'agitent dans ce milieu. Les ondes éthérées se brisent sur ces matières comme la houle sur des rochers, produisant des réfractions, des incidences... ces mouvements de l'éther par l'intermédiaire de l'œil et du nerf optique aboutissent au cerveau... les vibrations de l'éther mettent en branle les molécules cérébrales...

Et puis ???

Comment, dans ce mystérieux laboratoire, le mouvement de l'éther se transforme-t-il en sensation du bleu ?... Car un mouvement et une sensation sont choses hétérogènes.

Si nous nous élevions au-dessus de cet azur trompeur (déjà nos soupçons s'éveillent en ballon et sur les hautes montagnes), nous verrions le ciel noir, mais d'un noir de suie — et, sur ce ciel noir, se détacheraient une lune blanc-bleuté, un resplendissant soleil bleu d'un éclat extraordinaire. Sur ce dôme de velours noir étincelleraient avec une intensité dont nous n'avons aucune idée les mille feux de diamants polychromes.

Et ce ciel serait une illusion encore.

Il n'y a, en effet, aucune ressemblance entre l'univers perçu par nos sens et l'univers dévoilé (si peu dévoilé!) par la science.

Tout d'abord, nous voyons tourner autour de la Terre un plat rond lumineux que nous appelons *soleil,* un fromage de Hollande plus ou moins éclairé que nous appelons *lune.*

Ces points multicolores, perçant la nuit bleue, sont des masses par millions de fois plus considérables que notre Terre — ces points fixes se meuvent dans les espaces avec des vitesses cent et cent fois plus rapides que nos foudroyants projectiles. Pas un astre, pas même notre soleil, à peine notre lune, ne se trouve à la place où nous le voyons.

Le ciel de nos sens est une colossale mystification.

Tout le monde sait cela, ces banalités flottent sur toutes les lèvres, mais pour combien d'esprits ces vérités sont-elles des vérités vivantes ?

Un sauvage se promène dans les bois de son île

inconnue la veille, et dans laquelle vient de débarquer un Européen brute et cruel, comme il arrive trop souvent. L'Européen, inaperçu du sauvage, par hypothèse, le blesse de son arme à feu. Comment de la douleur ressentie, le sauvage pourrait-il conclure la cause de son mal et déduire les mobiles qui ont fait agir l'Européen (dont il ignore l'existence), les propriétés de l'arme à feu, etc. ? Le sauvage, c'est nous; l'arme à feu, c'est le monde extérieur; l'Européen bête et cruel, c'est la force mystérieuse qui anime cette nature si belle et si cruelle, mère nourricière qui n'a de faveurs que pour qui la viole.

Nos sensations ne nous apprennent rien sur leur cause, cause qui est à la fois en nous et hors de nous — le nous étant d'ailleurs parfaitement mystérieux comme le hors de nous — et le peu de connaissances que nous acquérons sur le hors de nous, c'est à notre faculté de déduction seule que nous les devons.

*
* *

Nous avons pesé des étoiles...

Cela donne une fière idée de l'esprit humain... Mais pourquoi le monde politique est-il toujours aussi bête ?

*
* *

La religion est la conscience de nos rapports avec le supra-sensible — rapports inconnus, mais certains, et à l'inconnaissance desquels nous subvenons dans la mesure de notre valeur intellectuelle et morale.

*
* *

L'univers n'existerait pas s'il n'était pas pensé.

*
* *

L'existence du monde extérieur est un acte de foi.

*
* *

Le monde phénoménal est un rideau derrière lequel s'agite une puissance consciente — la foi en une communication possible entre notre conscience personnelle et cette puissance omniprésente est le sentiment religieux.

*
* *

La religion est la recherche de Dieu et des moyens de communiquer avec lui.

Dieu est (pour nous hommes, bien entendu) le vrai, le beau, le bien.

La recherche du vrai, la contemplation du beau, la pratique du bien, tels sont nos moyens de communication avec l'âme suprême.

La religion développée est la synthèse du vrai, du beau, du bien, synthèse résumée en un symbole créé par notre imagination et notre cœur.

***

L'homme véritable n'est pas la bête immonde qui grouille dans les bas fonds de l'animalité sous l'apparence du bimane.

***

Nous pouvons pleurer les morts, nous devons les honorer, il n'y a pas lieu de les plaindre.

***

L'évidence est chose très changeante et très relative;

Un raisonnement est l'évidence même pour les hommes de certains temps et de certains pays et non seulement nous l'estimons faux, mais nous ne lui trouvons aucun sens, il nous est impossible de le comprendre.

Ainsi le raisonnement suivant sera pour le primitif l'évidence même : « J'ai besoin de manger « quand je suis vivant, donc j'aurai besoin de man- « ger quand je serai mort. »

Le fait est indiscutable, c'est une grande préoccupation pour le primitif de donner à manger aux morts. A ce sujet, Mégalithes, Algonquins, Océaniens, habitants de la Russie Blanche ou du delta du Niger, Égyptiens, anciens Parsis, n'ont pas deux manières de voir.

Autre évidence : « L'homme mange, donc les dieux mangent. »

En somme, l'évidence est chose des plus variables suivant les temps et les lieux.

Aujourd'hui, dans le même pays, l'évidence pour Pierre est erreur pour Paul ; nous pourrions en citer des exemples trop fameux.

Or, tout raisonnement se brise, comme la houle sur les rochers, contre une évidence préconçue.

Et, s'il nous est difficile de nous entendre entre gens de même instruction et de même éducation, combien la chose devient impossible entre gens de civilisations différentes !

Si nous pouvions converser avec des gens de Mars, de Vénus, nous serions ahuris.

*\
* *

Dans l'ordre intellectuel, le rôle de la raison est de nous conduire à une synthèse de plus en plus élevée des phénomènes.

*\
* *

En première ligne, la philosophie, telle que Kant l'a comprise, est une tentative de déterminer la nature et la valeur des principes qui rendent possibles l'expérience et la science.

#
# #

Un matérialiste de haute intelligence et de grande valeur morale m'écrit :

« Se désintéresser de soi-même, en tant que « forme transitoire de l'être, et ne s'y complaire « qu'en tant que miroir réflétant l'infinie diversité « de l'être, c'est une sagesse qui procure la paix « profonde et sereine. »

C'est parfaitement juste pour un miroir passif et sensible, cela l'est-il encore pour un miroir actif et réagissant ?

Toute question humaine aboutit à celle-ci : Sommes-nous un être actif ou un principe d'activité et de volonté ?

#
# #

Par la religion, l'homme mécontent du monde réel se réfugie dans le monde qu'il crée.

C'est son droit.

Entre le monde phénoménal et le monde nouménal, l'abîme est infranchissable — l'homme le franchit sur un pont imaginaire.

#
# #

La religion (développée) est la construction d'un monde idéal qui nous console de la réalité.

Le socialisme est un essai de satisfaction du besoin d'un monde idéal.

Là est sa force.

Il s'appuie à la fois sur le besoin d'idéal et sur la crédulité sans limite de l'immense majorité des humains.

**

La graine de l'Évangile germe dans le sang de ses martyrs, tout autre sang la tue.

**

Pour beaucoup de pratiquants, la fréquence du sacrement efface la fréquence du péché.

Pour ces pratiquants, soi-disant religieux, le prêtre est une sorte de balayeur qui enlève les immondices des rues, afin qu'on en puisse déposer de nouvelles — il prévient ainsi une trop grande accumulation d'ordures, ce qui permet, d'après ces singuliers dévots, d'en produire constamment.

Certes, telle n'est point la doctrine de l'Église, il serait inexact et injuste de le laisser supposer; mais, pour sa commodité, la majorité attribue bien aux sacrements ce pouvoir magique.

Le prêtre d'ailleurs combat mollement un préjugé si favorable à son prestige.

***

M. Georges Thiébaud voit dans les courses de taureaux « un réflexe latin ».

D'après lui, blâmer les courses de taureaux, c'est faire acte de protestant ; je pensais que c'est simplement faire acte de chrétien.

Il n'en est pas moins vrai que la thèse de M. Thiébaud nous conduit à cette remarque : les courses de taureaux et les Jésuites nous viennent du même coin.

***

Une démocratie et une monarchie ne peuvent concevoir la religion de façon identique, car la religion est la forme symbolique de l'idéal national.

Jésus fut à la fois le plus grand démocrate et le plus grand autarchiste.

Mais si l'Évangile nous offre un Dieu démocrate autarchiste, il nous présente aussi un Messie juif, présidant au jugement dernier, impitoyable exécuteur des vengeances du Dieu d'Israël.

L'adoration du Messie juif fut la lugubre religion du sombre moyen âge, c'est pour ce dernier Dieu que le sacerdoce et la monarchie ont réservé toutes leurs tendresses.

La question est de savoir qui l'emportera de l'autarchiste Jésus ou de l'autoritaire Messie des Juifs.

*
* *

Le protestant (orthodoxe) reconnaît la Bible comme un livre divin renfermant toute la vérité religieuse, le catholique n'ouvre jamais la Bible pour laquelle il éprouve une aversion instinctive.

La pensée catholique est asservie par un clergé par trop étranger aux besoins intellectuels de son temps ; la pensée protestante (orthodoxe toujours) est asservie par le respect de la lettre d'un vieux livre dont les données ne correspondent plus à nos connaissances les plus certaines et les plus positives.

Le chrétien autarchiste repousse l'autorité du clergé, comme il repousse l'autorité de la Bible ; mais il s'inspire de l'esprit de Jésus qu'il retrouve dans la morale évangélique. Il professe le culte de l'homme Jésus, parce que l'homme Jésus en est digne ; il professe le culte du Christ parce que le Christ est à la fois un symbole et un idéal.

*
* *

Que répondre à l'encyclique du 15 août 1832, qui condamne « cette maxime absurde et erronée, « ou *plutôt ce délire,* qu'il faut assurer à qui que ce « soit sa liberté de conscience » ?

Comment faire pour vivre en paix avec des gens qui ont déclaré la guerre au principe fondamental de la société moderne ?

*
**

On retrouve la Trinité jusque dans l'Économie politique : le capital est le Père, la direction est le Saint-Esprit, le travail est Jésus-Christ.

*
**

Rien de plus funeste que la domination de l'Église, mais sa concurrence est utile.

*
**

On ne sait comment ont pu se former certaines légendes dont on s'étonne à bon droit.

Un fils de Jonas a son tombeau à Oudjda.

D'après les Beni-Zeroual du Maroc, Jésus-Christ séjourna sur une de leurs montagnes ; l'arche de Noé d'ailleurs s'était échouée dans la même région, preuve : la fille du patriarche est enterrée dans une grotte du pays. Comment douter ? la grotte est là.

*
**

Les étonnants miracles, journellement accomplis par les marabouts en Algérie et au Maroc,

conduisent à attribuer aux Sémites une propen-
sion toute spéciale à doter les personnages réputés
saints d'un pouvoir illimité sur la nature.

Il en fut certainement de même en Palestine.

Actuellement, dans le nord africain, on peut voir,
escortés de disciples, des marabouts commis-voya-
geurs en miracles comme aux plus beaux temps de
l'Évangile.

*
* *

Les chants, oraisons et rites vieillissent, car tout
vieillit ici-bas... alors ces produits d'une émotion
sincère deviennent l'objet d'une confiance niaise et
l'on prête, à des gestes et incantations, un pouvoir
magique pour remplacer les réelles vertus d'un pieux
élan du cœur.

*
* *

On n'a pas moins confiance en son médecin, pour
se faire opérer de la cataracte par un oculiste ou
pour se faire plomber une dent par un dentiste.

On n'offense pas son patron pour s'adresser à
saint Antoine de Padoue quand on a perdu son
porte-monnaie.

Dans l'antiquité, chaque nation, chaque famille
et même chaque personne, avait ses dieux préférés,
mais on n'en respectait pas moins les dieux des
autres, auxquels on recourait au besoin.

Sans infidélité à ses dieux agraires, l'agriculteur, en embarquant, invoquait le dieu des mers.

On se prêtait ses dieux, on vend toujours des amulettes et des fétiches.

Il semble que le soleil éclaire toujours la même somme de crédulité depuis les temps les plus reculés.

*
* *

Pour le primitif, l'univers tout entier est vivant. Il flotte aussi dans l'air des esprits indépendants et, parmi ces esprits, les âmes des morts. Comme tous les êtres, les plantes ont leur âme et leur volonté. Dans les remèdes ou maléfices des sorciers de la côte d'Afrique, ce ne sont pas les propriétés des simples employés qui agissent, c'est leur esprit. Le poison joue un rôle considérable dans la politique et la vie africaines; mais, quand un sorcier empoisonne, c'est l'esprit du végétal qui, dominé par le féticheur, obéit et tue au commandement du maître.

*
* *

Le Peau-Rouge expliquant l'origine du monde et de l'homme par la fécondation des eaux, matrice des germes de vie, s'est singulièrement approché de la vérité.

« L'esprit de Dieu flottait sur les eaux. »

Numi-Tarom, le grand dieu hongrois, tire la Terre de l'Océan.

La géologie et la paléontologie s'accordent à faire surgir la terre et naître la vie de la mer.

**

S'ils parlaient la même langue, l'Australien et le Pahouin, en matière religieuse, s'entendraient à merveille, tandis que nous ne comprenons ni l'un ni l'autre, pas plus que nous ne nous entendrions avec un crocodile s'il pouvait parler.

**

Au fond, le fétichisme et l'idolâtrie sont identiques, c'est la foi dans l'existence et la vie d'un esprit enfermé en un objet quelconque, statue plus ou moins informe, pierre ou morceau de bois; mais le fétiche est plutôt individuel et l'idole plutôt une divinité de tribu.

**

La foi dans le pouvoir des incantations et des formules magiques contient en germe toute la théorie du *logos*.

C'est la déification de la parole, du Verbe.

**

Les Indiens Kiowas professent le culte du dieu Cactus par reconnaissance pour les délicieuses sensations que leur procure l'une de ses variétés, le *mescal*. Les feuilles et les bourgeons macérés de cette plante les plongent dans une extase à laquelle contribue l'hypnotisation déterminée par la monotone cadence d'une batterie de tambours et par la contemplation du feu autour duquel se rangent les guerriers dans ces scènes nocturnes. Les Kiowas éprouvent ainsi des visions du monde naturel, baigné dans une lumineuse atmosphère d'une grande beauté, comme l'ont constaté des docteurs blancs.

*
* *

Dans la tribu Omaha, l'Indien, arrivé à l'âge de la puberté, prie le Waconda de lui accorder la vision du fétiche qu'il doit adopter. Dans sa prière, il ne doit laisser percer aucune préférence ; mais il acceptera respectueusement, comme fétiche, l'animal, la plante ou la pierre révélés dans l'extase, qui le dotera des qualités de son espèce. La solidité, la dureté, la durée de la pierre lui assurent santé et longue vie — l'élan lui communiquera son agilité dans la fuite, et le faucon la rapidité pour fondre à l'improviste sur son ennemi. Pour arriver à ce résultat, il devra cueillir la plante ou ramasser la pierre désignées ; s'il s'agit d'un animal, il devra le tuer et lui prendre une touffe de plumes ou de poils. Il entrera ainsi en communication avec l'espèce et jouira des facultés qui lui sont particulières.

*
* *

Chez les Montagnais de l'Amérique du Nord, on hâtait la mort en frappant le mourant d'un coup de massue — le marteau béni de Bretagne, le marteau d'argent dont on touche le front du pape mort sont certainement des survivances de quelque coutume analogue, qu'il serait injuste de considérer comme inhumaine, car elle avait évidemment son origine dans un sentiment de délivrance et de pitié.

*
* *

Le chêne d'Allonville, en Normandie, est un des mille témoins de la persistance des cultes primitifs.

Ce vieillard de neuf cents ans (l'âge de Mathusalem) est encore honoré par d'inconscients adorateurs de Teutatès.

Sous Louis XIV, dans son tronc évidé, le peuple d'alentour éleva un oratoire à Notre-Dame de la Paix ; car les pauvres gens souffrirent terriblement de la guerre sous le somptueux règne du grand Roi. La paix de Ryswick, dit-on dans le pays, récompensa cette pieuse dédicace.

Avec non moins de succès, la déesse Raison remplaça Notre-Dame et, sous son invocation, les armées de la République remportèrent les brillantes victoires que l'on sait.

Mais les hymnes à la Raison, pas plus que les cantiques de Notre-Dame, n'ont exorcisé les dieux antiques, et les ombres des Druides hantent le chêne sacré. A l'époque où il germa, en dépit de tout, le culte du chêne était encore très vivace.

*
* *

L'apparition des grandes personnalités divines, comme celle de Jupiter, marque un important progrès dans le domaine religieux — elle est le produit de la belle et de la plus distinctive des facultés humaines, la faculté d'abstraire.

Avant de créer un dieu du tonnerre, l'homme a commencé par adorer chaque éclair.

*
* *

En Chine et Indo-Chine, le Bouddhisme est un vernis répandu sur les vieilles superstitions du pays ; il en est de même pour le Christianisme en Bretagne ; sous le vernis catholique, on voit transparaître l'antique religion naturiste des Mégalithes, avec accompagnement de revenants, spectres et démons,... vivification et personnification de la Grande Mère nature, ou reliquat du culte des morts.

***

Brahma, première incarnation de Brahm, est la substance se révélant dans le phénomène.

***

Comme les Ascètes de l'Inde, les Alexandrins déclarent la guerre au fini et demandent à l'homme de s'abîmer en Dieu.

***

Le Bouddhisme inspire la compassion, le Christianisme prêche la charité active.

***

Tout l'Islam fait une seule famille.
Mais comme l'Islamisme est la religion de l'Épée, c'est une famille très fort à surveiller.

***

Une des raisons, la plus grande peut-être, de l'insuccès des missions chrétiennes en Afrique est le contraste (aveuglant pour les obtuses intelligences des indigènes) entre la doctrine des missionnaires chrétiens et la conduite des Blancs. — quelle chance peut avoir de germer la petite graine de l'Évangile dans le sillon tracé par les Voulet-Chanoine?

L'Islam peut verser le sang sans se démentir.

*
* *

Il n'y a pas de religion sans prière, dit Mahomet.

Dans l'Islam, la prière est presque tout le culte.

Les premiers solitaires chrétiens n'exerçaient d'autre culte que la prière.

*
* *

Si, dès l'origine, la religion contient un élément de crainte, elle contient aussi un sentiment de confiance et de vénération — la crainte fut surtout la mère de la superstition et de la magie, comme la confiance et la vénération sont les sources de la religion vraie.

*
* *

L'essence de la religion est la foi en une puissance surhumaine accessible à la prière.

Dans l'origine, cette puissance surhumaine est bonne ou mauvaise (plutôt mauvaise) ou bien encore capricieuse et tour à tour bonne ou mauvaise — la prière est d'abord un marché ; le croyant supplie son dieu de lui accorder une faveur en échange du don qu'il lui fait — car le primitif ne se présente jamais devant son dieu les mains vides.

Le culte est d'abord tout — chacun l'interprète à sa fantaisie, il n'y a pas d'inconvénient, le primitif raisonne si peu — il n'a nul besoin de dogmes.

La religion est encore le sentiment vague d'une solidarité entre l'individu et l'univers. Ce sentiment s'épanouira plus particulièrement dans le Druidisme et le Bouddhisme — le Bouddhisme exprimant plus particulièrement cette solidarité dans le monde phénoménal et le Druidisme dans le monde nouménal. Le sentiment profond, actif et vivant de la solidarité humaine donnera naissance au Christianisme.

Le progrès de la religion consiste dans le développement de la prière par rapport au culte — et dans l'épuration de la prière où, finalement, l'homme religieux ne demande rien en dehors du secours moral.

***

La morale est l'ensemble des règles qui régissent les rapports de notre volonté avec notre milieu.

Le milieu, qui fut d'abord le troupeau bestial, est devenu l'humanité.

Le devoir a sa racine dans le sentiment naturel à l'être plus ou moins intelligent de sa dépendance et de son union avec son milieu — et aussi le sentiment des conditions d'existence de ce milieu, et aussi des conditions de son union nécessaire avec ce milieu.

De là, le sentiment moral.

Le sentiment religieux est le sentiment de notre dépendance d'une puissance surhumaine secourable.

Le primitif demande à ses fétiches le secours physique.

L'homme développé demande à Dieu le secours moral.

La notion du devoir est fondamentale et naturelle dans toute société ou association — qu'il s'agisse de civilisés ou d'Esquimaux et de Boschimens — les voleurs et les brigands associés se reconnaissent comme liés par des devoirs; il leur arrive même de pousser leur point d'honneur et le dévouement à leur devoir jusqu'à une abnégation qu'on admire malgré soi.

L'homme ne peut exister qu'en société, et il n'y a pas de société sans devoir.

La foi dans une puissance secourable est également fondamentale et naturelle : dans l'âme du fétichiste, dans l'âme de Socrate, ou dans l'âme du

chrétien épuré qui ne croit pouvoir demander à
Dieu que le secours moral.

*
**

Le culte n'est pas l'élément essentiel de la religion — tant s'en faut — la prière seule est l'élément nécessaire.

On peut être très religieux sans culte.

L'autarchiste religieux s'en passe ou du moins
peut s'en passer — mais souvent il se crée un culte
personnel et s'aide des pratiques qu'il juge les plus
propres à fortifier sa volonté dans l'exécution de
ses devoirs — l'exécution du devoir étant, selon lui,
le seul moyen de plaire à Dieu.

*
**

Le Mosaïsme a donné naissance à trois religions,
d'origine par conséquent bien sémite : le Judaïsme,
le Christianisme, l'Islamisme. Mais si le Christianisme est bien d'origine sémite, son éducation
grecque l'a naturalisé japhétique. C'est un monu-
ment de pierres sémites construit sur les plans de
fils de Japhet.

*
**

Le Christianisme est la synthèse de la pensée
humaine dans la région du supra-sensible — syn-

thèse qui comprend tout, de l'anthropophagie ri-
tuelle aux spéculations les plus raffinées de Platon.

—

* *

Le Judaïsme et l'Islamisme (l'Islamisme n'est
qu'une contrefaçon fort médiocre du Judaïsme)
représentent tout particulièrement la souveraineté
de Dieu sur l'homme.

Le Christianisme représente l'affinité de l'homme
avec Dieu.

Pour le Christianisme, l'homme, par sa bonté,
peut s'élever jusqu'à l'intimité avec le Père.

* *

Au récit des miracles de Jésus, Hérode n'hésite
pas à dire : « C'est Jean-Baptiste que j'ai déca-
pité. »

D'autres, dit l'Évangile, le tenaient pour un prophète, la plupart pour Élie ressuscité.

Quand, à la proclamation de Césarée, Jésus demande à ses disciples : « Qui dit-on que je suis ? »,
ils répondent : « Ceux-ci disent que vous êtes Jean-
Baptiste, d'autres Élie, d'autres l'analogue des pro-
phètes. »

C'est alors que Pierre prononça les paroles dé-
cisives : « Vous êtes le Christ. »

De ces faits indiscutables, nous avons le droit de conclure : la doctrine si générale de la réincarnation avait de nombreux adhérents en Judée.

*
* *

Pour le grand Origène, il ne peut y avoir que « des peines médicinales », des peines purifiant l'âme pour la ramener à Dieu.

*
* *

D'après Grégoire de Nysse, si l'âme ne s'est pas purifiée sur la terre, elle se purifie dans des vies subséquentes.

Comme me disait, à ce sujet, avec une grande solennité un Écossais, presbytérien dissident : « Le sang du Christ ne peut avoir coulé en vain, il a racheté tous les hommes ; les peines éternelles sont une négation flagrante de la valeur du sacrifice de la croix. »

*
* *

La croix est le symbole de la consécration volontaire du moi au service de l'humanité.

Quiconque sacrifie sa vie pour une idée, même s'il se trompe, meurt en chrétien.

*
* *

Je reconnais en Jésus-Christ l'âme de cette société supérieure qui dirige le monde — et tout
Français, bon gré malgré, procède de lui.

*
* *

La mentalité grecque et la rêverie orientale ont
brodé le Christianisme sur la trame tissée par le
crucifié de Jérusalem.

*
* *

Suivant une des belles formules que nous devons
au Christianisme : « Qui donne aux pauvres prête
à Dieu. »

Voici bien, en effet, la féconde et fondamentale
pensée du Christianisme :

L'homme est la plus haute manifestation de Dieu
que nous puissions connaître. Donc, l'homme est,
pour l'homme, le représentant de Dieu ; et le bien
ou le mal que nous faisons à un homme, nous le
faisons à Dieu même.

*
* *

L'Évangile commence par une suave idylle pour
se terminer par une tragédie sublime.

*
* *

Oui, Jésus est vraiment inconnaissable au moyen des documents que nous possédons. — C'est précisément pour cela qu'il est la trame sur laquelle l'humanité peut broder indéfiniment son idéal.

Une seule chose est certaine, mais, en revanche, elle est bien certaine : Jésus a été l'initiateur du grand mouvement moral dont vit le monde civilisé.

Une question se pose :

Lequel vaut le mieux : accélérer le mouvement donné ou se mettre en quête d'un autre moteur?

*
* *

C'est au Christianisme que nous devons le sentiment de la dignité humaine.

Du Christianisme est né l'homme : l'antiquité n'a connu que l'esclave et le citoyen.

*
* *

L'esprit humain et l'esprit divin se sont rencontrés en Jésus-Christ; ils s'y sont unis, il est leur résultante.

*
* *

La justice est bien le fondement de la société. On conçoit très bien une société vivant de la seule justice, mais que cette société serait peu aimable !

Non, vraiment, la justice est insuffisante.

La société aura toujours besoin de charité, en prenant ce mot dans son acception large et vraie (l'aumône n'est pas toute la charité, tant s'en faut). A ce vieux mot de charité, on tend à substituer le mot altruisme, d'ailleurs excellent.

C'est bien Jésus qui a été l'initial promoteur de ce grand mouvement altruiste, honneur de notre temps.

C'est de ce monde moral de l'altruisme que Jésus voulut être roi.

***

Le citoyen, le patriote, l'humanitaire constituent l'homme.

Nous devons le citoyen à la Grèce, le patriote surtout à Rome, l'humanitaire à Jésus-Christ.

***

Jamais on ne fut moins théocrate que Jésus, or le judaïsme est essentiellement théocratique. — En cela, tout au moins, Jésus ne fut guère juif.

***

A coup sûr, ce n'est pas toute l'œuvre de Jésus, mais l'émancipation de la conscience du joug de l'État n'en fut certainement pas la partie la moins importante.

**

Jésus-Christ a pris le titre de Fils de l'homme, ce qui veut dire l'homme idéal.

En avait-il le droit? La conscience humaine répond : Oui.

**

Le type de Jésus est le véritable miracle de l'Évangile.

Celui-là me suffit.

**

Jésus-Christ est bien le trait d'union entre l'esprit divin et l'esprit humain.

**

Que Jésus ait senti Dieu vivre en lui, cela me semble l'évidence même — qu'il ait cru que Dieu vivait en lui plus qu'en tout autre, cela me paraît certain.

Qu'il se soit cru appelé à régénérer le monde, on n'en peut douter.

S'est-il trompé? Je ne le crois pas.

Or, tout réformateur (qu'il soit Sidüarta-Gau-

tama, Mahomet, Confucius ou Jésus) part d'un
principe fondamental — pour Jésus ce principe
fondamental a été sa conception du Dieu-Père.

« Dieu est le père de tous les hommes », voilà le
principe.

« Tous les hommes sont frères », voilà la première conséquence.

Et, dans son esprit, le principe et la conséquence
ne se séparent jamais.

Tous les hommes sont les enfants de Dieu, mais
lui, le régénérateur, chargé de porter la Bonne
Nouvelle à ses frères, que pouvait-il être, sinon le
Fils par excellence ?

De là à conclure que le jour où le Père réunirait
autour de lui ses enfants, il siégerait à la droite de
son Père, l'enchaînement est naturel et forcé.

Jésus, d'ailleurs, tout cœur et tout sentiment, se
souciait peu de précision et de logique.

Que, étant donnés le milieu où il s'était développé, les idées dont il avait été imbu dans son
enfance, et se jugeant appelé à porter le salut aux
hommes, il se soit cru le Christ, c'était dans l'ordre des choses.

Lors donc que, dans son interrogatoire devant
le Sanhédrin, on lui demande : « Es-tu le Christ, le
Fils du Dieu béni ? », il n'y avait pour lui qu'une
réponse possible : le fameux *Tu dixisti*.

Mais, pour Jésus, Dieu vit dans le cœur de tout

homme de bien; tout homme de bonne volonté vit en Dieu et Dieu en lui.

Tel est le sens des paroles : « Vous êtes des dieux. »

Jésus croyait, au moins à l'état de germe, à la nature divine de l'homme issu du Père (et qui ne sent en lui une parcelle du divin?), à la coexistence dans l'homme de la nature divine et de la nature humaine comme enfant de Dieu. Il a cru à la possibilité de l'union étroite de l'homme avec Dieu, à la possibilité d'une union allant jusqu'à l'identification.

Dans cet état, l'homme s'élève au rang d'Homme-Dieu.

L'homme devient une incarnation de Dieu.

Mais lui, qui, le premier, avait senti Dieu se revêtir de chair en sa personne, qui s'était senti le premier un Fils du Dieu vivant, il avait le droit de dire (et, pour mon compte personnel, je crois à sa parole) : « Personne ne vient au Père que par moi. »

Que, peu à peu, la figure de Jésus grandissant et s'idéalisant dans la pénombre du lointain du temps avec l'enthousiasme et la vénération des disciples, la pensée chrétienne ait glissé de l'idée du Fils de Dieu à l'idée de Dieu-Fils, cela ne doit pas surprendre.

Quoi qu'il en soit, Jésus vivra dans le cœur de

l'humanité jusqu'à la consommation des siècles,
parce qu'il aima l'humanité d'un amour infini.

**

Au-dessus du Panthéon, couronnant le temple
élevé par la reconnaissance de la patrie à ses grands
hommes, je voudrais voir briller le crucifix, symbole du dévouement à l'humanité.

Nancy, impr. Berger-Levrault et Cie.

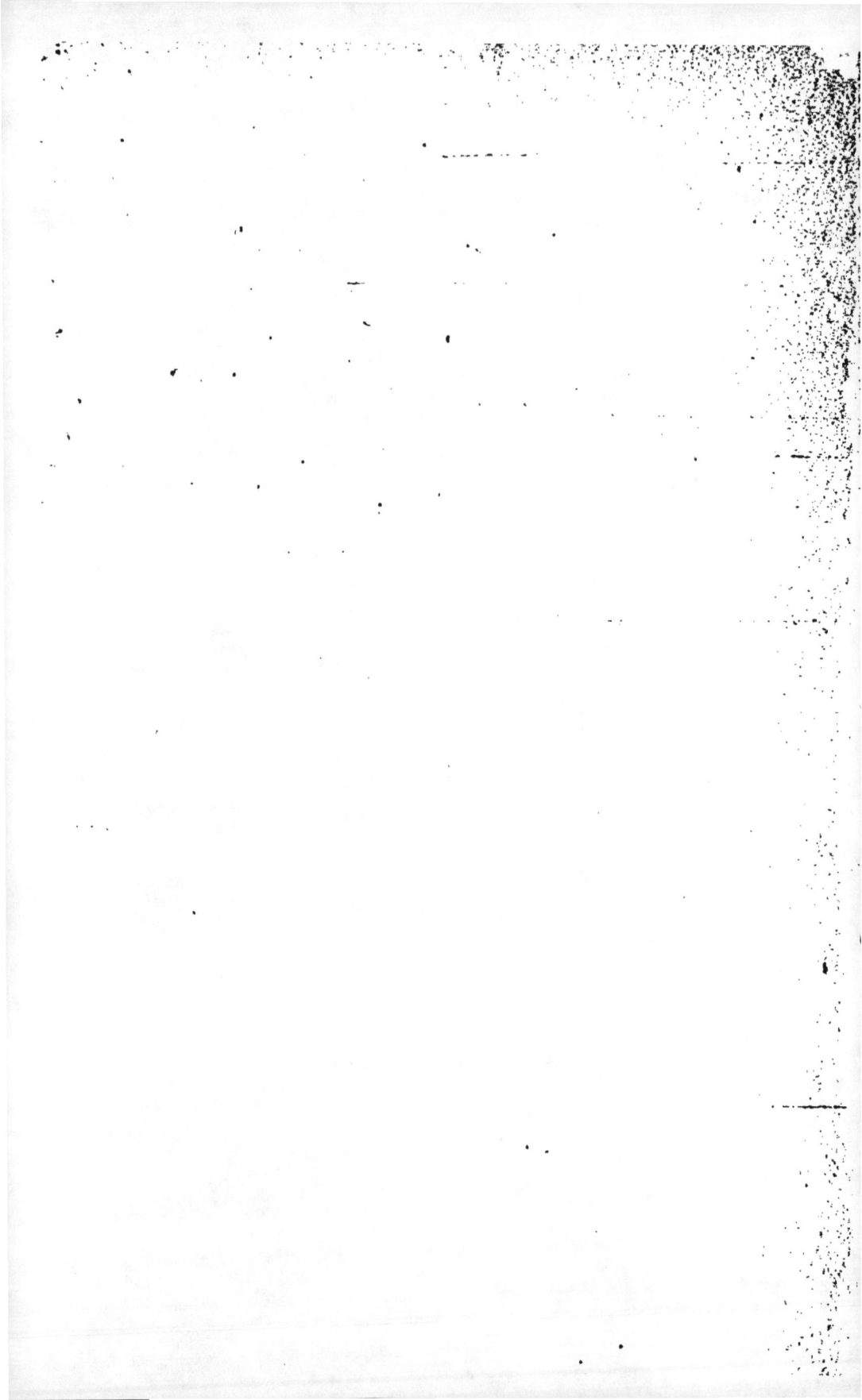

LIBRAIRIE MILITAIRE BERGER-LEVRAULT ET Cie

PARIS, 5, rue des Beaux-Arts. — 18, rue des Glacis, NANCY.

ARDOUIN-DUMAZET

VOYAGE EN FRANCE

COURONNÉ PAR L'ACADÉMIE FRANÇAISE
LA SOCIÉTÉ DES GENS DE LETTRES, LA SOCIÉTÉ DE GÉOGRAPHIE DE PARIS
ET LA SOCIÉTÉ DE GÉOGRAPHIE COMMERCIALE DE PARIS

VOLUMES PARUS

1. Le Morvan, le Val de Loire et le Perche. — Avec 19 cartes.
2. Des Alpes mancelles à la Loire maritime. — Avec cartes.
3. Les Iles de l'Atlantique : I. D'Arcachon à Belle-Isle. — Avec 19 cartes.
4. Les Iles de l'Atlantique : II. D'Boëdic à Ouessant. — Avec 25 cartes.
5. Les Iles françaises de la Manche et Bretagne péninsulaire. — Avec 26 cartes.
6. Cotentin, Basse-Normandie, Pays d'Auge, Haute-Normandie, Pays de Caux. — Avec 29 cartes ou croquis.
7. La Région lyonnaise : Lyon, Monts du Lyonnais et du Forez. 2e édition. — Avec 19 cartes.
8. Le Rhône du Léman à la mer. — Avec 22 cartes ou croquis.
9. Bas-Dauphiné. — Avec 23 cartes ou croquis.
10. Les Alpes du Léman à la Durance. Nos Chasseurs alpins. — Avec 25 cartes.
11. Forez, Vivarais, Tricastin et Comtat-Venaissin. — Avec 25 cartes.
12. Les Alpes de Provence et les Alpes maritimes. — Avec 30 cartes et une grande carte des Alpes, hors texte.
13. La Provence maritime. 2e édition. — Avec 28 cartes.
14. La Corse. — Avec 27 cartes, 7 vues et 1 planche hors texte.
15. Les Charentes et la Plaine poitevine. — Avec 26 cartes.
16. De Vendée en Beauce. — Avec 29 cartes.
17. Littoral du pays de Caux, Vexin, Basse-Picardie. — Avec 28 cartes.
18. Région du Nord : I. Flandre et littoral du Nord. — Avec 30 cartes.
19. Région du Nord : II. Artois, Cambrésis et Hainaut. — Avec 28 cartes.
20. Haute-Picardie, Champagne rémoise et Ardennes. — Avec 22 cartes.
21. Haute-Champagne, Basse-Lorraine. — Avec 27 cartes.
22. Plateau lorrain et Vosges. — Avec 27 cartes.
23. Plaine Comtoise et Jura. — Avec 25 cartes.
24. Haute-Bourgogne. — Sous presse.
25. Basse-Bourgogne et Senonais. — Sous presse.

Chaque volume in-12, d'environ 350 pages, avec cartes, br. **3 fr. 50 c.**

Élégamment cartonné en toile souple, tête rouge. . . **4 fr.**

Envoi sur demande du prospectus détaillé (brochure de 16 pages) des volumes parus ou à paraître.

IMAGES DE FRANCE. *Région de l'Est*, par Émile HINZELIN. 1000. Beau volume in-12 de 433 pages, couverture illustrée par V. PROUVÉ. 3 fr. 50 c. Relié en percaline gaufrée, plaques spéciales, tête dorée . . . . 5 fr.

LIBRAIRIE MILITAIRE BERGER-LEVRAULT ET Cⁱᵉ

PARIS, 5, rue des Beaux-Arts. — 18, rue des Glacis, NANCY.

OUVRAGES DE M. LE CONTRE-AMIRAL RÉVEILLÈRE

Nancy, impr. Berger-Levrault et Cie.

www.ingramcontent.com/pod-product-compliance
Lightning Source LLC
Chambersburg PA
CBHW060623100426
42744CB00008B/1480